中国田野考古报告集

考 古 学 专 刊

丁种第九十四号

安阳孝民屯

（四）殷商遗存·墓葬

下册

中国社会科学院考古研究所　编著

文物出版社

北京·2018

ANYANG XIAOMINTUN

IV - LATE SHANG BURIALS

Volume 3

(*With an English Abstract*)

by

The Institute of Archaeology

Chinese Academy of Social Sciences

Cultural Relics Press

Beijing · 2018

彩版目录

1. SM5墓主

2. SM5墓室填土内殉狗

彩版一　殷墟一期墓葬SM5及殉狗

1. SM724墓主及随葬品（东—西）

2. 陶鬲甲AaI式（SM724：1）

彩版二　殷墟一期晚段墓葬SM724及其出土陶器

1. SM776瓮棺葬（北—南）

3. 陶鬲甲J型（SM776：3）

4. 陶鬲甲G型（SM776：5）

2. SM776墓主（北—南）

5. 陶簋AⅠ式（SM776：4）

彩版三　殷墟一期晚段墓葬SM776及其出土陶器

1. SM701墓主及随葬品（西—东）

2. SM753墓主及随葬品（北—南）

彩版四　殷墟二期晚段墓葬SM701、SM753

1. 磨石（SM701：3）

3. 陶爵Ⅱ式（SM753：2）

4. 陶豆BⅠ式（SM753：1）

2. 陶觚AⅡ式（SM753：3）

5. 陶簋AⅡ式（NM149：1）

彩版五　殷墟二期晚段墓葬SM701、SM753、NM149出土玉石器及陶器

1. SM755墓主及随葬品（西—东）

2. NM149墓主及随葬品（北—南）

彩版六　殷墟二期晚段墓葬SM755、NM149

1. 铜戈乙Bb I 式（SM755：3）

2. 铜戈乙Bb I 式（SM755：4）

3. 铜戈乙Bb I 式（SM755：5）

彩版七　殷墟二期晚段墓葬SM755出土铜器

1. NM155墓主及随葬品（东—西）

2. NM155墓底桩孔（西—东）

彩版八　殷墟二期晚段墓葬NM155

1. 陶觚 A I 式（NM155：5）

4. 铜戈甲 Ab 型（NM155：1）

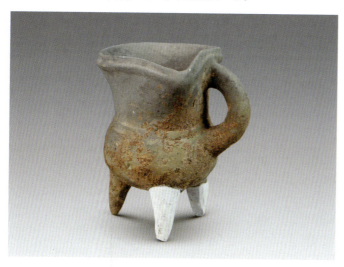

2. 陶爵 I 式（NM155：4）

5. 铜戈乙 Bb I 式（NM155：2）

6. 铜镞 Aa II 式（NM155：8、9、7）

3. 陶簋 A III 式（NM155：6）

7. 铜镈（NM155：3）

彩版九　殷墟二期晚段墓葬NM155出土陶器及铜器

1. NM166墓主及随葬品（西—东）

2. 陶觚AⅠ式（NM166：1）

3. 陶爵Ⅰ式（NM166：2）

彩版一〇　殷墟二期晚段墓葬NM166及其出土陶器

1. NM166椁盖板上殉狗（东—西）

2. NM166二层台上牛腿骨（南—北）

3. NM166腰坑内殉狗（东—西）

彩版一一　殷墟二期晚段墓葬NM166殉牲

1. 铜戈甲Ac型（NM166：3）

2. 铜镞AaⅠ式（NM166：5-3、5-1、5-2）

3. 铜锛Bb型（NM166：4）　　4. 铜锛Bb型（NM166：6）　　5. 骨匕（NM166：7）　　6. 骨饰（NM166：8）

彩版一二　殷墟二期晚段墓葬NM166出土铜器及骨器

1. SM620墓主（西—东）

2. SM396墓主及随葬品
（西—东）

3. SM396腰坑内殉狗（西—东）

彩版一三　殷墟墓葬SM620（不晚于二期）、SM396（二期）

1. SM212墓主及随葬品
（东—西）

2. SM634墓主及随葬品
（南—北）

3. SM777墓主（北—南）

彩版一四　殷墟二期墓葬 SM212、SM634、SM777

1. 陶豆BⅠ式（SM396：1）

2. 陶鬲甲AbⅠ式（SM634：1）

3. 陶鬲F型（SM892：1）

4. 陶鬲甲E型（NM148：1）

彩版一五　　殷墟二期墓葬SM396、SM634、SM892、NM148出土陶器

1. SM892墓主及随葬品（北—南）

2. NM148墓主及随葬品（北—南）

3. NM148墓底柱孔

彩版一六　殷墟二期墓葬SM892、NM148

1. SM10髹漆木棺（东—西）

2. SM10漆棺局部

3. SM10墓底桩孔（东—西）

彩版一七　殷墟三期墓葬SM10

1. SM14墓主及随葬品（西—东）

2. SM14墓底桩孔（西—东）

3. 铜戈甲Ac型（SM14：1）

4. 铜镞Bb型（SM14：2）

彩版一八　殷墟三期墓葬SM14及其出土铜器

1. SM17清理现场（东—西）

2. SM17随葬器物（东—西）

彩版一九　殷墟三期墓葬SM17

1. SM17棺、椁痕迹（东—西）

2. SM17椁室底部（西—东）

彩版二〇　殷墟三期墓葬SM17

1. 陶爵Ⅳ式（SM17：16）

2. 陶簋BⅠ式（SM17：21）

3. 陶盉（SM17：9）

4. 陶埙（SM17：35）

5. 陶埙（SM17：15）

6. 陶猪（SM17：22+56）

彩版二一　殷墟三期墓葬SM17出土陶器

1. 铜觚A型（SM17：6）

2. 铜觚A型（SM17：6）铭文

彩版二四　殷墟三期墓葬SM17出土铜器

1. 铜爵A I 式（SM17：5）

3. 铜爵A I 式（SM17：2）

2. 铜爵A I 式（SM17：5）铭文

4. 铜爵A I 式（SM17：2）铭文

彩版二五　殷墟三期墓葬SM17出土铜器

1. 铜戈甲Aa型（SM17：18）

4. 铜镞AaⅠ式（SM17：37）

2. 铜矛甲Ab型（SM17：8）

3. 铜矛甲Ab型（SM17：12）

5. 铜铃AaⅠ式（SM17：25）

6. 铜锯（SM17：7）

7. 铜铃AaⅠ式（SM17：10）

彩版二六　殷墟三期墓葬SM17出土铜器

1. 玉管（SM17：20）

2. 玉管（SM17：20）

3. 玉兽面方形器（SM17：57）

4. 玉圆弧形穿孔饰（SM17：60）

5. 玉戈（SM17：55）

6. 玉戈（SM17：62）

7. 玉笄（SM17：58-1）

8. 玉鸟（SM17：59）

9. 玉块（SM17：52）

彩版二七　殷墟三期墓葬SM17出土玉石器

1. 玉柄形器（SM17：14）

2. 玉柄形器（SM17：13）

3. 玉柄形器（SM17：58-2）

4. 穿孔石铲（SM17：27）

5. 石璋（SM17：50）

6. 石璋（SM17：51）

彩版二八　殷墟三期墓葬SM17出土玉石器

1. SM38墓主及随葬品（西—东）

2. SM38彩绘布幔

彩版二九　殷墟三期墓葬SM38

1. 铜觚 C I 式 （SM38：3）

3. 铜戈乙 Bb II 式 （SM38：12）

4. 铜铃 Aa I 式 （SM38：2）

2. 铜爵 B I 式 （SM38：4）

5. 铜铃 Aa I 式 （SM38：20）

6. 铜铃 Aa I 式 （SM38：22）

彩版三〇　殷墟三期墓葬SM38出土铜器

1. 铜矛甲Ba型（SM38：15） 2. 铜矛甲Ba型（SM38：18） 3. 铜矛甲Ba型（SM38：21）

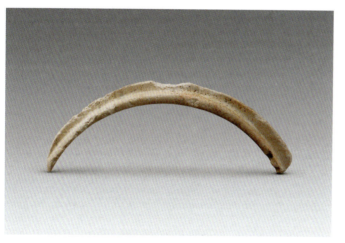

4. 玉环形饰（SM38：5） 5. 方形玉片（SM38：6）

6. 石子（SM38：7） 7. 石柄形器A型（SM38：9） 8. 残石器（SM38：11）

彩版三一　殷墟三期墓葬SM38出土铜器及玉石器

1. SM43清理现场（东—西）

2. SM43墓主及随葬品（东—西）

彩版三二　殷墟三期墓葬SM43

1. SM43腰坑内殉狗

2. SM43墓口下2米填土内殉狗

3. SM43木棺（东—西）

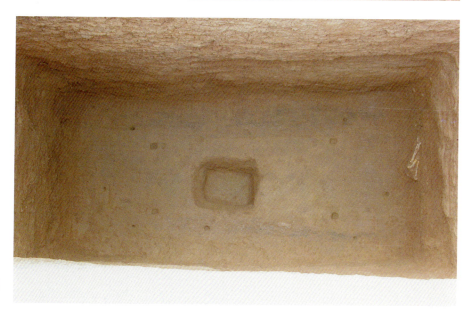

4. SM43墓底桩孔（东—西）

彩版三三　殷墟三期墓葬SM43

1. 铜觚D型（SM43：4）

2. 铜爵BⅡ式（SM43：5）

3. 铜戈甲Ab型（SM43：7）

4. 铜戈乙BbⅠ式（SM43：6）

5. 铜镞AaⅠ式（SM43：9、10）

6. 铜锛Ba型（SM43：8）

彩版三四　殷墟三期墓葬SM43出土铜器

1. 玉戈B型（SM43：12）

2. 石戈（SM43：11）

3. 石柄形器A型（SM43：2）

4. 石柄形器A型（SM43：3）

彩版三五　殷墟三期墓葬SM43出土玉石器

1. SM51随葬器物（西—东）

2. SM51墓室填土内殉狗（东—西）

彩版三六　殷墟三期墓葬SM51

1. SM51椁底板痕迹（东—西）

2. SM51墓底桩孔（西—东）

彩版三七　殷墟三期墓葬SM51

1. 铜觚 B I 式（SM51：1）

3. 铜镞 Ab I 式（SM51：9、10、16）

4. 铜铃 Aa II 式（SM51：18）

2. 铜爵 B I 式（SM51：3）

5. 玉戈（SM51：8）

6. 石锛（SM51：14）

7. 磨石（SM51：15）

彩版三八　殷墟三期墓葬SM51出土铜器及玉石器

1. 铜戈甲Ab型（SM51：7）

2. 铜戈甲Ac型（SM51：6）

3. 铜戈乙BaⅠ式（SM51：4）

4. 铜戈乙BbⅠ式（SM51：2）

彩版三九　殷墟三期墓葬SM51出土铜器

1. 铜戈乙Bb I 式（SM51：11）

2. 铜戈乙Bb I 式（SM51：5）

3. 铜戈乙Bb I 式（SM51：12）

4. 铜戈乙Bb I 式（SM51：13）

彩版四〇　殷墟三期墓葬SM51出土铜器

1. SM88墓主及随葬品（东—西）

2. SM91墓主及随葬品（西—东）

3. M91棺盖（西—东）

彩版四一　殷墟三期墓葬SM88、SM91

1. SM91棺底结构（西—东）

2. 铜戈乙BaⅠ式（SM91：2）

3. 铜矛乙Ba型（SM91：4）

4. 铜铃AaⅠ式（SM91：5）

5. 玉兔（SM91：3）

彩版四二　殷墟三期墓葬SM91及其出土铜器、玉石器

1. SM106墓主（东—西）

2. SM106棺板上随葬品（东—西）

彩版四三　殷墟三期墓葬SM106

1. 陶簋BⅡ式（SM106：4）　　　　　　　2. 陶簋AⅣ式（SM109：1）

3. 铜戈乙BaⅠ式（SM106：5）

4. 铅戈（SM106：7）　　　　　　　　5. 文蛤（SM106：6）

彩版四四　殷墟三期墓葬SM106、SM109出土陶器、铜器及文蛤

1. SM109墓主及随葬品（西—东）

2. SM109墓底桩孔（西—东）

彩版四五　殷墟三期墓葬SM109

1. SM244墓室填土内殉狗
（西—东）

2. SM244随葬器物（东—西）

3. SM244棺椁结构（东—西）

彩版四六　殷墟三期墓葬SM244

1. SM244腰坑内殉狗

2. 铜铃Aa II 式（SM244：1）

3. 铜觚C I 式（SM244：5）

4. 铜爵B I 式（SM244：4）

彩版四七　殷墟三期墓葬SM244殉狗及其出土铜器

1. 铜戈甲Ab型（SM244∶6）

2. 铜戈甲Ba型（SM244∶11）

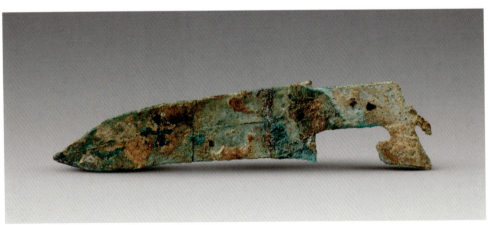

3. 铜戈乙Bb I 式（SM244∶10）

4. 玉戈B型（SM244∶12）

彩版四八　殷墟三期墓葬SM244出土铜器

1. SM250墓室填土内殉狗（东—西）

2. SM358墓主及随葬品（东—西）

彩版四九　殷墟三期墓葬SM250、SM358

1. SM361墓室及随葬品（北—南）　　　　　2. SM361二层台上打碎的陶器（东北—西南）

3. SM361椁底板痕迹（东—西）

彩版五〇　殷墟三期墓葬SM361

1. 陶豆Aa型（SM361：5）

2. 铜戈甲Ba型（SM361：6）

3. 蚌圆形泡饰（SM361：1）

彩版五一　殷墟三期墓葬SM361出土陶器、铜器及蚌器

1. SM377墓主及随葬品（南—北）　　　　　　　2. SM383被盗后的墓室（北—南）

3. SM378墓主及随葬品（东—西）

彩版五二　　殷墟三期墓葬SM377、SM378、SM383

1. SM379被盗后的墓室（西—东）

2. 铜戈乙Bb I 式（SM379：2）

3. 铜铃Ac型（SM381：1）

4. 陶豆Aa型（SM383：1）

彩版五三　殷墟三期墓葬SM379及SM379、SM381、SM383出土铜器、陶器

1. 铜觚C I 式（SM447：5）

3. 铜戈乙BbII式（SM447：4）

4. 铜戈乙BbII式（SM447：3）

2. 铜爵B I 式（SM447：7）

5. 玉管（SM447：2）

6. 文蛤（SM447：1）

彩版五六　殷墟三期墓葬SM447出土铜器、玉石器、文蛤

1. SM448墓主及随葬品（北—南）

2. 铜戈乙Bb I 式（SM448：1）

3. SM556墓主及随葬品（东—西）

彩版五七　殷墟三期墓葬SM448、SM556及SM448出土铜器

1. SM569墓主及随葬品（西—东）

2. SM582墓主及随葬品（西—东）

3. 陶鬲甲AaⅣ式（SM582：1）

彩版五八　殷墟三期墓葬SM569、SM583及SM582出土陶器

1. SM578椁盖板（南—北）

2. SM578墓室结构及腰坑殉狗
（东—西）

彩版五九　殷墟三期墓葬SM578

1. SM583棺盖板（西—东）

2. SM583椁室底板（西—东）

彩版六〇　殷墟三期墓葬SM583

1. SM583墓主（西—东）

2. SM583墓主服饰（西—东）

彩版六一　殷墟三期墓葬SM583

1. SM583墓主服饰特写

2. SM583墓主服饰特写

1. SM584棺盖板（东—西）

2. SM584墓主（东—西）

3. SM584椁底板（东—西）

4. 石子（SM584：2）

彩版六三　殷墟三期墓葬SM584及出土玉石器

1. SM600墓主及随葬品（东—西）

2. SM607墓主（东—西）

3. SM609墓主及随葬品（西—东）

彩版六四　殷墟三期墓葬SM600、SM607、SM609

1. 陶鬲乙AI式（SM600：2）

3. 陶爵Ⅲ式（SM609：3）

2. 陶豆Ab型（SM607：5）

4. 石刀（SM607：2）

5. 圆形磨石（SM607：1）

彩版六五　殷墟三期墓葬SM600、SM607、SM609出土陶器及玉石器

1. 铜镞AaⅡ式（SM610：1、8）　　2. 骨镞A型（SM610：7）　　3. 骨镞C型（SM610：4）　　4. 榧螺（SM610：6）

5. SM619墓底桩孔（东—西）

6. 蚌鱼（SM619：1）　　　　　　　　7. 文蛤（SM619：4）

彩版六六　殷墟三期墓葬SM610、SM619及其出土铜器、骨器、蚌器等

1. SM615墓主及随葬品（东—西）

2. SM637墓室及随葬品（南—北）

彩版六七　殷墟三期墓葬SM615、SM637

1. 铜鼎 B I 式（SM637：1）

2. 陶鼓风嘴（SM637：4）

彩版六八　殷墟三期墓葬SM637出土铜器、陶器

1. SM695彩绘布幔

2. SM695棺盖板（东—西）

彩版七三　殷墟三期墓葬SM695

1. 铜矛乙Ba型（SM695：4）

2. 铜铃AaⅠ式（SM695：5）

3. 玉兔（SM695：1）

4. 铜戈乙BbⅡ式（SM696：1）

5. 铜戈乙BbⅡ式（SM696：2）

彩版七四　殷墟三期墓葬SM695、SM696出土铜器及玉石器

1. SM696被盗毁的墓室（东—西）

2. SM705墓主及随葬品（南—北）

3. 陶爵Ⅲ式（SM716：2）

彩版七五　殷墟三期墓葬SM696、SM705及SM716出土陶器

1. SM715墓主及随葬品（东—西）

2. SM716墓主及随葬品
（西—东）

3. SM727墓主及随葬品（南—北）

彩版七六　殷墟三期墓葬SM715、SM716、SM727

1. 陶盘 I 式（SM726：3）

2. 铜铃Bb型（SM726：4）

3. SM729墓主（东—西）

4. 弧形玉片（SM729：1）

彩版七七　殷墟三期墓葬SM729及SM726、SM729出土陶器、铜器、玉石器

1. SM734墓主及随葬品（东—西）

2. SM736破坏后的墓室（南—北）

3. SM736墓室及腰坑内殉狗（北—南）

彩版七八　殷墟三期墓葬SM734、SM736

1. 铜铃Bb型（SM736：6）　　　　2. 铜泡（SM736：8）　　　　3. 玉戚（SM736：4）

4. 石璋（SM736：1）

5. 骨鱼形觽（SM736：3）

彩版七九　殷墟三期墓葬SM736出土铜器、玉石器及骨器

1..SM741墓室填土的殉狗
（西—东）

2.SM741墓主（东—西）

3.SM741棺盖上随葬品（西—东）

彩版八〇　殷墟三期墓葬SM741

1. 陶觚AⅢ式（SM741：5）

5. 铜觚BⅠ式（SM741：1）

2. 陶爵Ⅲ式（SM741：6）

3. 铜蝉（SM741：7）

4. 铜饰件（SM741：8）

6. 铜爵BⅡ式（SM741：2）

彩版八一　殷墟三期墓葬SM741出土陶器及铜器

1. SM746墓主及随葬品（西—东）

2. 陶觚ＡⅤ式（SM746：2）

3. 陶豆Aa型（SM746：3）

4. 铅戈（SM746：4）

彩版八二　殷墟三期墓葬SM746出土陶器及铅器

1. SM756墓主（东—西）

2. SM756棺盖板（西—东）

3. 铜戈乙Bb I 式（SM756：5）

彩版八三　殷墟三期墓葬SM756及其出土铜器

1. SM760墓主及随葬品（北—南）

2. 玉块（SM760：4-1）

3. 陶爵Ⅳ式（SM767：1）

彩版八四　殷墟三期墓葬SM760及SM760、SM767出土玉石器、陶器

1. SM778棺盖板（东—西）

2. SM778被扰乱的墓主（东—西）

彩版八五　殷墟三期墓葬SM778

1. SM783墓主及随葬品（西—东）

2. SM783腰坑内殉狗及墓底桩孔
（西—东）

3. SM786墓主（南—北）

彩版八六　殷墟三期墓葬SM783、SM786

1. 铜觚C I 式（SM783：3）

2. 铜爵B I 式（SM783：1）

3. 铜戈乙Bb I 式（SM783：2）

彩版八七　殷墟三期墓葬SM783出土铜器

1. SM784被盗扰的墓室（东—西）

2. 铜瓿残片（SM784：4）

3. SM795墓主（东—西）

彩版八八　殷墟三期墓葬SM784、SM795及SM784出土铜器

1. SM793墓室残存局部（北—南）

3. 铜戈乙Bb Ⅰ 式（SM793：5）

4. 残铜爵足（SM793：3）

5. 骨针（SM793：2）

2. 铜觚B Ⅰ 式（SM793：4）

6. 陶爵Ⅳ式（SM795：1）

彩版八九　殷墟三期墓葬SM793及SM793、SM795出土铜器、骨器、陶器

1. SM808墓室填土内殉狗（北—南）

2. SM808随葬品（南—北）

3. 铜戈乙BbⅠ式（SM810：6）

4. 铜铃AaⅠ式（SM810：1）

5. 铜矛甲Ａa型（SM810：3）

彩版九〇　殷墟三期墓葬SM808及SM810出土铜器

1.SM810随葬品（北—南）

2.SM810东二层台布幔

3.SM810西南二层台布幔

4.SM810二层台布幔（西—东）

彩版九一　殷墟三期墓葬SM810

1. SM816墓室填土殉狗（北—南）

2. SM821被盗扰的墓主（南—北）

3. SM832墓主及随葬品（东—西）

彩版九二　殷墟三期墓葬SM816、SM821、SM832

1. SM822棺盖上器物（西—东）

2. 陶鬲甲AbⅡ式（SM836：1）

3. SM836墓主及随葬品（东—西）

彩版九三　殷墟三期墓葬SM822、SM836及SM836出土陶器

1. SM841墓主及随葬品（东—西）

2. SM841墓底桩孔（北—南）

3. 铜戈甲Aa型（SM841：3）

4. 铜铃AaⅠ式（SM841：1）

彩版九四　殷墟三期墓葬SM841及其出土铜器

1. SM842墓主及随葬品（南—北）

2. SM842墓室填土内殉狗（东—西）

3. 陶觚AⅣ式（SM842：1）

彩版九五　殷墟三期墓葬SM842及其出土陶器

1. SM847墓室（东—西）

2. SM847椁底板（东—西）

彩版九六　殷墟三期墓葬SM847

1. SM847髹漆柲铜矛特写

2. SM847铜矛柲上的菱形花纹

3. SM847北侧二层台上殉牲

彩版九七　殷墟三期墓葬SM847

1. 陶爵Ⅳ式（SM847：3）

2. 陶簋AⅣ式（SM847：4）

3. 铜铃AaⅠ式（SM847：10）

4. 玉钩形器（SM847：6）

5. 玉柄形器（SM847：7）

6. 蚌牙形器（SM847：12）

7. 玉笄（SM847：11）

8. 骨笄B型（SM847：1）

彩版九八　殷墟三期墓葬SM847出土陶器、铜器、玉石器、骨器及蚌器

1. SM848墓主

2. SM859墓主（东—西）

3. SM881墓主（西—东）

彩版九九　殷墟三期墓葬SM848、SM859、SM881

1. SM897盗扰后的墓室及腰坑
（东—西）

2. 陶豆Aa型（SM897：4）

3. SM898墓主身上席纹

4. SM898墓主（东—西）

彩版一〇〇　殷墟三期墓葬SM897、SM898及SM897出土陶器

1. 玉璋（SM903：1）

2. 陶爵Ⅱ式（SM913：1）

3. SM914墓主及随葬品（南—北）

5. 铜戈甲BbⅠ式（SM914：1）

4. 陶爵Ⅲ式（SM914：2）

彩版一〇一　殷墟三期墓葬SM914及SM903、SM913、SM914出土玉石器、陶器、铜器

1. SM926墓主及随葬品（西—南）

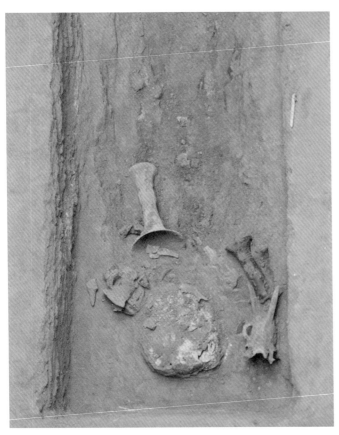

2. SM926随葬品局部

3. SM926随葬品局部

彩版一〇二　殷墟三期墓葬SM926

1. 陶爵Ⅲ式（SM926：5）

2. 铜瓿（SM926：8）

3. 铜戈甲Bb型（SM926：2）

彩版一〇三　殷墟三期墓葬SM926出土陶器及铜器

1. 铜鼎B I 式（SM926：9）

2. 铜簋B型（SM926：7）

3. 铜爵A I 式（SM926：3）

4. 铜觚A型（SM926：6）

彩版一〇四　殷墟三期墓葬SM926出土铜器

1. SM929墓主及随葬品（东—西）

2. 陶豆Ab型（SM929：5）

3. 铜渣（SM929：3）

4. 铜镞AbⅡ式（SM929：8-3、8-1、8-2）

彩版一〇五　殷墟三期墓葬SM929及其出土铜器、陶器

2. 铜爵B I 式（SM929：2）

1. 铜觚A型（SM929：1）　　　　　　　　　3. 玉戈B型（SM929：6）

彩版一〇六　殷墟三期墓葬SM929出土铜器及玉石器

1. 铜戈甲Bb型（SM929：9）

2. 铜戈乙BaⅠ式（SM929：11）

3. 铜戈乙BbⅠ式（SM929：7）

彩版一○七　殷墟三期墓葬SM929出土铜戈

1. SM941墓主及随葬品（南—北）

2. 陶爵Ⅲ式（SM941：2）

3. 陶豆BⅡ式（SM941：1）

4. 铜戈甲Aa型（SM941：6）

5. 铜戈乙BbⅠ式（SM941：7）

6. 陶壶（SM956：1）

彩版一〇八　殷墟三期墓葬SM941及SM941、SM956出土陶器、铜器

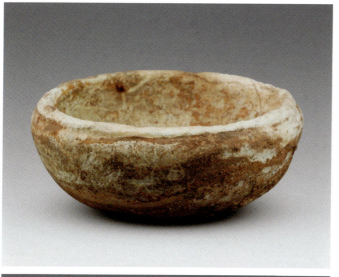

3. 玉箍形器（SM941：5-2）

4. 玉戈B型（SM941：10）

5. 玉鱼（SM941：9）

1. 玉钵（SM941：4）

6. 石环（SM941：8）

2. 玉锛（SM941：5-1）

彩版一〇九　殷墟三期墓葬SM941出土玉石器

1. NM137随葬品（南—北）

2. NM137墓室填土内殉狗
（东—西）

3. NM137腰坑内殉狗（东—西）

彩版一一〇　殷墟三期墓葬NM137

1. NM137椁室底板（南—北）

2. NM137墓主（南—北）

彩版一一一 殷墟三期墓葬NM137

1. NM137随葬品局部

2. NM137随葬品局部

3. 陶觚A Ⅶ式（NM137：10）

4. 陶爵 Ⅴ式（NM137：9）

彩版一一二　殷墟三期墓葬NM137及其出土陶器

1. 铜觚A型（NM137：13）

3. 铜爵AⅡ式（NM137：14）

2. 铜觚A型（NM137：13）铭文

4. 铜爵AⅡ式（NM137：14）铭文

1. 铜鼎BⅡ式（NM137：11）

3. 铜簋A型（NM137：12）

2. 铜鼎BⅡ式（NM137：11）铭文

4. 铜簋A型（NM137：12）铭文

1. 铜戈甲CⅡ式（NM137：15）

2. 铜刀B型（NM137：21）

3. 铜矛甲Bb型（NM137：32）

4. 铜铃Ab型（NM137：19）　5. 铜铃Ab型（NM137：33）

6. 铜刀NM137：25）

7. 铜凿（NM137：20）

8. 铜锛Ab型（NM137：23）

彩版一一五　殷墟三期墓葬NM137出土铜器

1. 铜镞Bb型（NM137：1～8）

2. 玉璧（NM137：31）

3. 石璧（NM137：17）

4. 石兔（NM137：30）

5. 石柄形器B型
（NM137：18）

6. 石柄形器B型
（NM137：22）

7. 骨戈（NM137：16）

彩版一一六　殷墟三期墓葬NM137出土铜器、玉石器、骨器

1. SM4墓主及随葬品（西—东）

2. 石蝉（SM4：2）

3. SM15棺椁结构及二层台下随葬品（西—东）

彩版一二一　殷墟四期早段墓葬SM4、SM15及SM4出土玉石器

1. SM15椁室（东—西）

2. SM15棺底板（东—西）

彩版一二二　殷墟四期早段墓葬SM15

1. SM15二层台上残留的彩绘布幔痕迹

2. SM15二层台上残留的彩绘布幔痕迹

3. SM15二层台上残留的彩绘布幔痕迹

4. SM15二层台上残留的彩绘布幔痕迹

彩版一二三　殷墟四期早段墓葬SM15

1. SM15腰坑内殉狗（东—西）

2. SM16随葬品（西—东）

彩版一二四　殷墟四期早段墓葬SM15、SM16

1. 铜刀Aa I 式（SM15：3）

2. 铜凿（SM15：11）

3. 铜镞AaⅡ式（SM15：7）、Bb型（SM15：12）

4. 玉璜（SM15：1）

5. 玉鸟（SM15：2）

6. 玉器（SM15：9）

彩版一二五　殷墟四期早段墓葬SM15出土铜器及玉石器

1. 陶爵Ⅵ式（SM16：2）

3. 铜爵BⅡ式（SM16：4）

2. 铜觚BⅡ式（SM16：10）

4. 铜爵BⅡ式（SM16：4）铭文

彩版一二六　殷墟四期早段墓葬SM16出土陶器及铜器

1. 铜戈乙BbⅡ式（SM16：15）

6. 玉戈（SM16：5）

2. 铜矛乙AⅡ式（SM16：6）

3. 铜矛乙AⅡ式（SM16：8）

7. 玉璧（SM16：11）

8. 玉牛（SM16：13）

4. 铜铃Ab型（SM16：3）

5. 铜铃Ab型（SM16：22）

9. 石戚（SM16：12）

彩版一二七　殷墟四期早段墓葬SM16出土铜器及玉石器

1. 剥离车辄

2. 剥离马骨（东—西）

彩版一二八　殷墟四期早段车马坑SM30

1. 绘图（东—西）

2. 包装（南—北）

彩版一二九　殷墟四期早段车马坑SM30

1. SM30车马坑前视（东—西）

2. SM30车马坑后视（西—东）

彩版一三〇　殷墟四期早段车马坑SM30

1. SM30车马坑侧视（东北—西南）

2. SM30车马坑侧视（北—南）

彩版一三一　　殷墟四期早段车马坑SM30

1. SM30车马坑侧视（南—北）

2. SM30车马坑车轭前视

彩版一三二　殷墟四期早段车马坑SM30

1. SM30车马坑俯视

2. SM30车马坑俯视

彩版一三三　殷墟四期早段车马坑SM30

1. 铜轵（首、箍、足）一套（SM30：19）

4. 铜马甬（SM30：33）

2. 铜轵（首、箍、足）一套（SM30：28）

3. 铜锺（SM30：34）

5. 铜马甬（SM30：33、SM30：31）

彩版一三四　殷墟四期早段车马坑SM30出土铜器

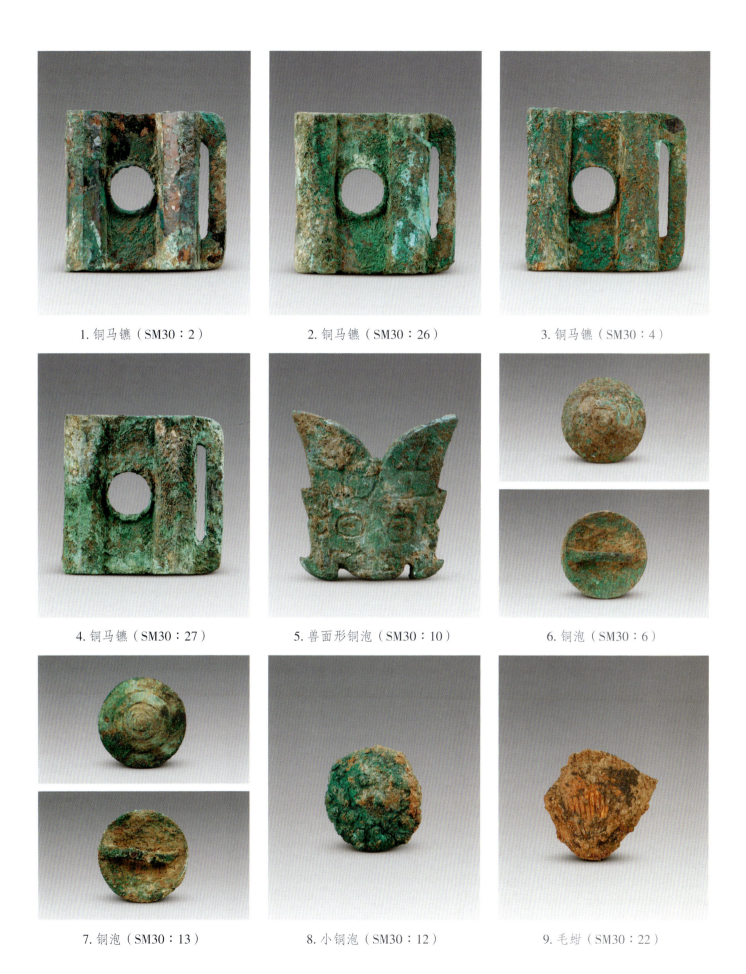

1. 铜马镳（SM30：2）　　　2. 铜马镳（SM30：26）　　　3. 铜马镳（SM30：4）

4. 铜马镳（SM30：27）　　5. 兽面形铜泡（SM30：10）　　6. 铜泡（SM30：6）

7. 铜泡（SM30：13）　　　8. 小铜泡（SM30：12）　　　9. 毛蚶（SM30：22）

彩版一三五　殷墟四期早段车马坑SM30出土铜器、毛蚶

1. SM41墓室填土内殉狗　　　　　　　　　　2. SM41腰坑内殉狗

3. SM41棺底板及枕木（西—东）

4. SM41墓底器物（西—东）

彩版一三六　殷墟四期早段墓葬SM41

1. 陶盘 I 式（SM41：2）

2. 铜刀（SM41：3）

3. 梯形玉块（SM41：6）

4. 石戈（SM41：4）

5. 磨石（SM41：5）

6. 陶豆C型（SM49：3）

彩版一三七　殷墟四期早段墓葬SM41及SM49出土陶器、铜器、玉石器

1. SM49墓室及随葬品（西—东）

2. SM49腰坑内殉狗

彩版一三八　殷墟四期早段墓葬SM49

1. SM63墓底桩孔（西—东）

2. SM63墓室填土内殉狗
（西—东）

3. SM63腰坑内殉狗

4. SM63布纹痕迹

彩版一四三　殷墟四期早段墓葬SM63

1. SM64墓主（东—西）

2. SM64墓室填土内殉狗
   （东—西）

3. SM64墓底桩孔（西—东）

4. 铜铃AaⅡ式（SM64：3）

彩版一四四　殷墟四期早段墓葬SM64及其出土铜器

1. SM84墓主（东—西）

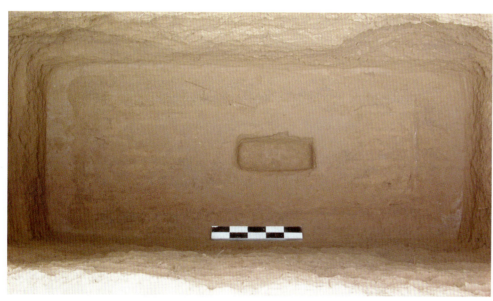

2. SM84墓底铺木板（东—西）

3. 玉鱼形刻刀（SM84：5）

4. 绿松石（SM84：6）

5. 文蛤（M84：3）

彩版一四五　　殷墟四期早段墓葬SM84及其出土玉石器、文蛤

1. SM92椁板（东—西）

2. SM92墓主（东—西）

彩版一四六　　殷墟四期早段墓葬SM92

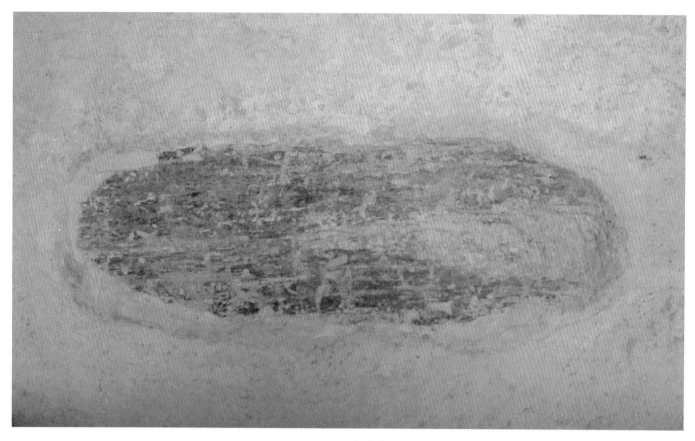

1. SM92腰坑上木板

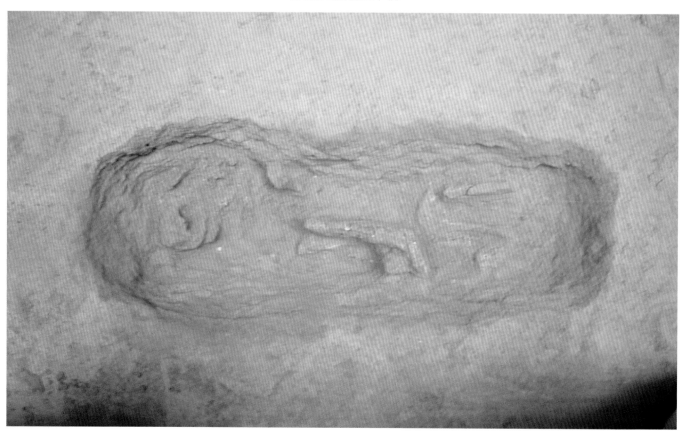

2. SM92腰坑内殉狗

彩版一四七　殷墟四期早段墓葬SM92

1. SM107随葬品（东—西）

2. SM107填土内殉狗

彩版一四八　殷墟四期早段墓葬SM107

1. 铜觚B II 式（SM107：2）

3. 玉戈B型（SM107：12）

4. 玉鸟（SM107：11）

2. 铜爵B II 式（SM107：3）

5. 玉笄SM107：10）

彩版一四九　殷墟四期早段墓葬SM107出土铜器及玉石器

1. SM110墓主（东—西）

2. SM110棺托及墓底桩孔
（东—西）

3. SM110腰坑内殉狗

彩版一五○　殷墟四期早段墓葬SM110

2. 绿松石（SM110：6）

1. 玉柄形器（S M110：3）

3. 石璋（SM110：4）

4. SM204墓主及随葬品（东—西）

彩版一五一　殷墟四期早段墓葬SM110出土玉石器及SM204

1. SM204棺结构（西—东）

2. SM204棺盖（东—西）

3. SM204墓主彩绘服饰（西—东）

彩版一五二　殷墟四期早段墓葬SM204

1. SM204腰坑及墓底桩孔
（东—西）

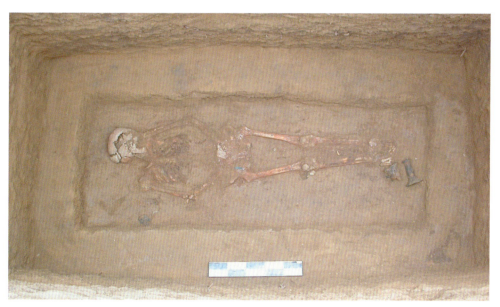

2. SM207墓主及随葬品
（西—东）

3. SM207墓底桩孔（西—东）

彩版一五三　殷墟四期早段墓葬SM204、SM207

1. 陶簋EⅢ式（SM207：10）

2. 长方形穿孔玉块
（SM207：2）

3. 绿松石穿孔饰
（SM207：7）

5. 陶盘Ⅰ式（SM222：1）

4. 石钺（SM207：1）

6. 陶纺轮（SM222：2）

7. 骨饰（SM222：3）

彩版一五四　殷墟四期早段墓葬SM207及SM222出土陶器、玉石器、骨器

1. SM208被盗扰后的墓室
（东—西）

2. SM219墓主（东—西）

3. SM222墓主及随葬品（东—西）

彩版一五五　殷墟四期早段墓葬SM208、SM219、SM222

1. SM357墓主及随葬品（西—东）

2. SM369二层台及椁室上彩绘布幔（东—西）

彩版一五六　　殷墟四期早段墓葬SM357、SM369

1. SM369二层台上彩绘布幔局部

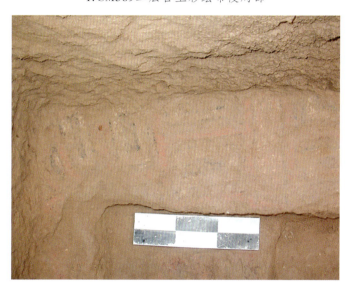

2. SM369二层台上彩绘布幔局部

3. 铜铃AaⅡ式（SM369：5）

4. 玉刀（SM369：1）

5. 玉刀（SM369：4）

6. 玉笄（SM369：2）

彩版一五七　殷墟四期早段墓葬SM369及其出土铜器、玉石器

1. SM374墓主及随葬品（东—西）

2. 陶簋D型（SM374：1）

3. 陶豆C型（SM380：8）

4. 铜铃Ba型（SM387：1）

彩版一五八　殷墟四期早段墓葬SM374及SM374、SM380、SM387出土陶器、铜器

1. SM380墓主及随葬品（西—东）

2. 铜矛乙Bb型（SM380：1）　　　3. 铜矛乙Bb型（SM380：2）　　　4. 铜矛乙Bb型（SM380：4）

彩版一五九　　殷墟四期早段墓葬SM380及其出土铜器

1. SM402墓室填土内殉狗
（东—西）

2. SM402墓主及随葬品（西—东）

3. SM405被盗扰后墓主及随葬品
（西—东）

彩版一六〇　殷墟四期早段墓葬SM402、SM405

1. 铜觚BⅡ式（SM402：1）

3. 骨笄（SM409：3）

2. 陶豆E型（SM408：3）

4. 陶豆D型（SM409：1）

彩版一六一　殷墟四期早段墓葬SM402、SM408、SM409出土铜器、陶器、骨器

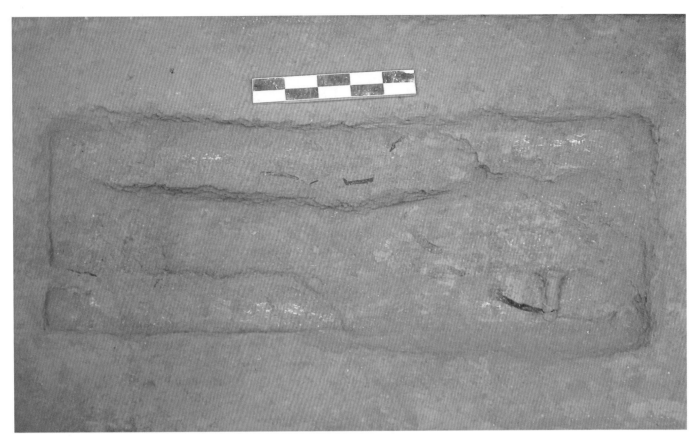

1. SM408棺盖板及随葬品（东—西）

2. SM408二层台内随葬品及腰坑（西—东）

彩版一六二　殷墟四期早段墓葬SM408

1. SM409墓主（西—东）

2. SM409棺盖板及随葬品（东—西）

彩版一六三　殷墟四期早段墓葬SM409

1. 陶豆BⅡ式（SM410：3）

3. 铜爵BⅠ式（SM410：2）

2. 铜觚BⅠ式（SM410：1）

4. 铜戈甲Ac型（SM410：4）

彩版一六六　殷墟四期早段墓葬SM410出土陶器及铜器

1. 铜觚BⅡ式（SM411：1）

3. 铜戈甲Ac型（SM411：3）

4. 铜铃AaⅡ式（SM418：4）

5. 铜铃Ab型（SM418：5）

2. 铜爵BⅡ式（SM411：2）

6. 铜镞AaⅡ式（SM418：3、SM418：6、SM418：7）

彩版一六七　殷墟四期早段墓葬SM411及SM418出土铜器

1. SM419墓室（西—东）

2. SM419二层台上带木柲铜矛（西—东）

彩版一六八　殷墟四期早段墓葬SM419

1. SM419铜矛特写

2. SM419铜矛木柲特写

3. 铜矛甲Ａb型（SM419：1）

4. 铜矛甲Ａb型（SM419：2）

彩版一六九　殷墟四期早段墓葬SM419及其出土铜器

1. 铜矛甲Ab型（SM419：3）　　　2. 铜矛甲Ab型（SM419：5）　　　3. 铜矛甲Ab型（SM419：13）

4. 铜铃Ab型（SM419：15）　　　5. 铜铃AaⅠ式（SM419：16）　　　6. 骨管A型（SM419：14）

1. SM429墓主及随葬品（西—东）

2. SM431墓主及随葬品
（东—西）

3. SM434墓主及随葬品（北—南）

彩版一七一　殷墟四期早段墓葬SM429、SM431、SM434

1. 陶爵Ⅷ式（SM429：3+8）

2. 玉戈B型（SM429：6）

4. 陶盘Ⅰ式（SM434：1）

3. 铜觚CⅠ式（SM431：1）

5. 铜爵BⅡ式（SM431：2）

彩版一七二　殷墟四期早段墓葬SM429、SM431、SM434出土陶器、玉石器、铜器

1. SM435墓主（西—东）

2. SM440墓主及随葬品

3. SM562墓主及随葬品（东—西）

彩版一七三　殷墟四期早段墓葬SM435、SM440、SM562

1. 陶盘 I 式（SM440：1）

2. 陶鬲乙 A II 式（SM559：2）

3. 陶爵Ⅶ式（SM562：2）

4. 玉锛（SM562：3）

5. 骨针（SM571：2）

6. 兽牙（SM571：3）

彩版一七四　殷墟四期早段墓葬SM440、SM559、SM562、SM571出土陶器、玉石器

1. SM568墓主及随葬品（东—西）

2. SM575被盗扰后的墓室
（东—西）

3. SM586墓主及随葬品（南—北）

彩版一七五　　殷墟四期早段墓葬SM568、SM575、SM586

1. SM627墓主及随葬品（东—西）

2. SM638墓主及随葬品（东—西）

3. 陶鬲甲Aa Ⅴ式（SM627：1）

4. 陶爵Ⅶ式（SM638：1）

彩版一七六　殷墟四期早段墓葬SM627、SM638及其出土陶器

1. SM671墓主及随葬品（西—东）

2. SM671墓底腰坑、棺托
（东—西）

3. 铜刀Ab I 式（SM671：4）　　　4. 骨管B型（SM671：2）　　　5. 骨管B型（SM671：3）

彩版一七七　　殷墟四期早段墓葬SM671及其出土铜器、骨器

1. SM679棺椁底板痕迹（西—东）

2. SM699墓主及随葬品
（西—东）

3. SM710墓主（西—东）

彩版一七八　殷墟四期早段墓葬SM679、SM699、SM710

1. SM684墓主及随葬品（南—北）

2. 铜觚C I 式（SM699：1）

3. 铜爵B I 式（SM699：2）

4. 铜爵B I 式（SM699：2）铭文

彩版一七九　殷墟四期早段墓葬SM684及SM699出土铜器

1. SM712墓主及随葬品（东—西）

2. SM712墓主服饰特写

3. SM731墓主及随葬品（南—北）

彩版一八〇　殷墟四期早段墓葬SM712、SM731

1. SM735椁盖板及二层台上彩绘布幔（南—北）

2. SM735墓底棺板痕迹（南—北）

3. SM735彩绘布幔局部

4. SM735彩绘布幔局部

彩版一八一　殷墟四期早段墓葬SM735

1. SM735内麻织品残片

2. 陶觚A IX式（SM735：14）

3. 铜矛乙Bc型（SM735：16）

4. 铜矛乙A II式（SM735：6）

彩版一八二　殷墟四期早段墓葬SM735及其出土麻织品残片、陶器、铜器

1. 铜戈甲Aa型（SM735：4）

5. 铜铃Ba型（SM735：25）

2. 铜刀C型（SM735：7）

3. 铜刀B型（SM735：18-2）

6. 铜铲（SM735：15）

4. 铜刀B型（SM735：18-1）

7. 铜弓形器（SM735：17）

彩版一八三　殷墟四期早段墓葬SM735出土铜器

1. SM876墓主（东—西）

2. SM885墓主及随葬品（西—东）

3. SM910墓主及随葬品（西—东）

彩版一九〇　殷墟四期早段墓葬SM876、SM885、SM910

1. 陶爵Ⅵ式（SM916：1）

3. 铜矛甲Bb型（SM932：2）

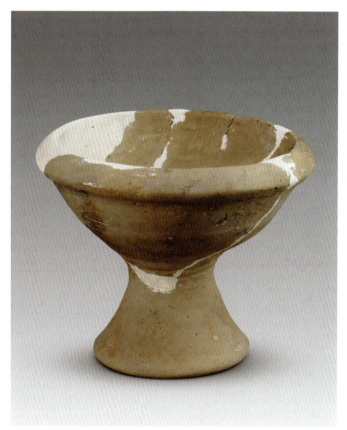

2. 陶豆BⅢ式（SM932：1）

4. 玉戈B型（SM932：3）

彩版一九一　殷墟四期早段墓葬SM916、SM932出土陶器、铜器及玉石器

1. NM114墓主（西—东）

2. NM138随葬品（西—东）

彩版一九二　殷墟四期早段墓葬NM114、NM138

1. NM138棺椁结构（西—东）

2. NM138二层台内保留桩孔
（西—东）

3. NM138椁底板（西—东）

彩版一·九三　殷墟四期早段墓葬NM138

1. NM142墓主及随葬品（西—东）

2. NM142漆器特写

3. 蚌镰（NM142∶1）

彩版一九四　殷墟四期早段墓葬NM142及其出土漆器、蚌器

1. NM142棺底结构（西—东）

2. NM142墓底桩孔（西—东）

彩版一九五　殷墟四期早段墓葬NM142

1. NM145墓主（西—东）

2. NM145墓底桩孔（西—东）

3. 铜铃Aa II 式（NM145：1）

4. 背瘤丽蚌（NM145：5）

彩版一九六　殷墟四期早段墓葬NM145及其出土铜器、蚌

1. NM153墓主及随葬品（东—西）

2. 陶觚BⅠ式（NM153：2）

3. 陶爵Ⅷ式（NM153：3）

彩版一九七　殷墟四期早段墓葬NM153及其出土陶器

1. NM179墓主及随葬品（西—东）

2. 陶簋BⅢ式（NM179：3）

彩版一九八　殷墟四期早段墓葬NM179及其出土陶器

1. SM570墓主（西—东）

2. SM589墓主（西—东）

3. SM592被盗毁的墓室（西—东）

彩版一九九　殷墟墓葬（不晚于四早）SM570、SM589、SM592

1. 铜刀AbI式（SM592：2）

2. 骨管A型（SM592：1）

3. 骨管B型（SM592：3）

4. SM625墓主（南—北）

彩版二○○　殷墟墓葬（不晚于四早）SM592出土铜器、骨器及SM625

1. SM874墓主（东—西）

2. 玉戈（SM918：2）

3. 玉鱼形刻刀（SM918：4）

4. 玉刻刀（SM918：3）

彩版二〇一　殷墟墓葬（不晚于四早）SM874及SM918出土玉石器

1. 石璋（SM27：4）

2. 蚌饰（SM27：3）

3. SM28随葬陶器（东—西）

4. 铜镞Ba型（SM29：4）

5. 铜铃Ba型（SM29：1）

彩版二〇二　殷墟四期晚段墓葬SM28及SM27、SM29出土玉石器、蚌器、铜器

1. SM44墓主（东—西）

2. SM62墓主及随葬品（东—西）

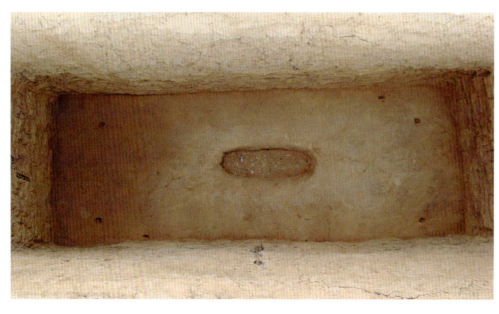

3. SM62墓底桩孔（东—西）

彩版二〇三　殷墟四期晚段墓葬SM44、SM62

1. SM83墓主及随葬品（东—西）

2. SM83墓底桩孔（东—西）

彩版二〇四　殷墟四期晚段墓葬SM83

1. SM85墓主及随葬品（西—东）

2. SM85椁底板（东—西）

彩版二〇五　殷墟四期晚段墓葬SM85

1. 铜觚D型（SM85：2）

2. 铜爵C型（SM85：3）

3. 铜爵C型（SM85：4）

4. 铜矛乙AⅢ式（SM85：6）

彩版二〇六　殷墟四期晚段墓葬SM85出土铜器

1. 铜矛乙AⅢ式（SM85∶10）

2. 铜铃Bb型（SM85∶1）

3. 铜铃Bb型（SM85∶18）

4. 铜铃Bb型（SM85∶25）

5. 铜镞Bb型（SM85∶14、24、16）、C型（SM85∶15、17）

彩版二〇七　殷墟四期晚段墓葬SM85出土铜器

1. SM93被盗扰后的墓室

2. SM103墓主（东—西）

3. 石蝉（SM104：4、5）

彩版二〇八　殷墟四期晚段墓葬SM93、SM103及SM104出土玉石器

1. SM104墓主及随葬品（东—西）

2. SM104棺盖板（东—西）

3. SM104墓底桩孔（西—东）

彩版二〇九　殷墟四期晚段墓葬SM104

1. SM108墓主及随葬品（西—东）

2. SM108棺盖板（西—东）

3. SM201墓主（东—西）

彩版二一〇　殷墟四期晚段墓葬SM108、SM201

1. 陶觚A Ⅹ 式（SM108：1）

2. 绿松石穿孔饰（SM205：3）

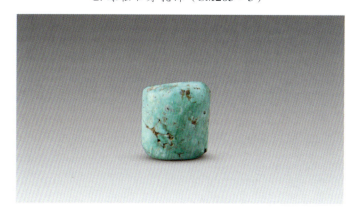

3. 绿松石穿孔饰（SM205：4）

4. 文蛤（SM209：1）

5. 骨饰（SM214：4）

彩版二一一　殷墟四期晚段墓葬SM108、SM205、SM209、SM214出土陶器、玉石器、文蛤、骨器

1. SM205墓主及随葬品（西—东）

2. SM205棺盖板（东—西）

3. SM205墓底桩孔（西—东）

彩版二一二　殷墟四期晚段墓葬SM205

1. SM209被盗扰后的墓室
（西—东）

2. SM209棺椁底板痕迹（西—东）

3. SM209椁底板下枕木及桩孔
（西—东）

彩版二一三　殷墟四期晚段墓葬SM209

1. SM214墓主（东—西）

2. SM214棺底板（东—西）

3. SM214墓底桩孔（西—东）

彩版二一四　殷墟四期晚段墓葬SM214

1. SM232墓主（东—西）

3. SM234全景（南—北）

2. 铜刀AbⅡ式（SM232：4）

4. 石璋（SM234：2）

彩版二一五　殷墟四期晚段墓葬SM232、SM234及其出土铜器、玉石器

1. SM235墓主及随葬品
（西—东）

2. SM236墓主（西—东）

3. 铅罐（SM235：2）

4. 布纹印痕（SM236：3）

彩版二一六　殷墟四期晚段墓葬SM235、SM236及SM235出土铅罐

1. SM353被盗扰后的墓主
（东—西）

2. SM353棺底板（西—东）

3. SM353腰坑内殉狗

彩版二一七　殷墟四期晚段墓葬SM353

1. 铜铃Ba（SM353：1）

2. 铜铃Ba（SM353：12）

3. 铜铃Ba（SM353：15）

4. 玉戈A型（SM353：6）

5. 玉戈B型（SM353：8）

6. 玉戈B型（SM353：11）

7. 石戈（SM353：2）

彩版二一八　殷墟四期晚段墓葬SM353出土铜器及玉石器

1. SM354墓主及服饰（西—东）

2. SM354墓主服饰残片

彩版二一九　殷墟四期晚段墓葬SM354

1. 铜觚CⅡ式（SM354：2）

2. 铜爵BⅢ式（SM354：3）

3. 铜刀（SM354：4）

4. 玉戈A型（SM354：5）

5. 玉戈A型（SM354：6）

彩版二二〇　殷墟四期晚段墓葬SM354出土铜器及玉石器

1. SM359填土中的彩绘图案

2. SM360墓主（东—西）

3. SM366二层台上漆器及布幔（北—南）

1. SM371墓主（东—西）

2. SM371墓室填土内殉狗

3. SM375随葬品（西—东）

彩版二二二　　殷墟四期晚段墓葬SM371、SM375

1. 陶盘Ⅱ式（SM371：5）

2. 玉鱼形刻刀（SM371：2）

3. 玉璜（SM375：3）

4. 铜铃Ba型（SM375：2）

5. 铜铃Ba型（SM375：1）

彩版二二三　殷墟四期晚段墓葬SM371、SM375出土陶器、玉石器及铜器

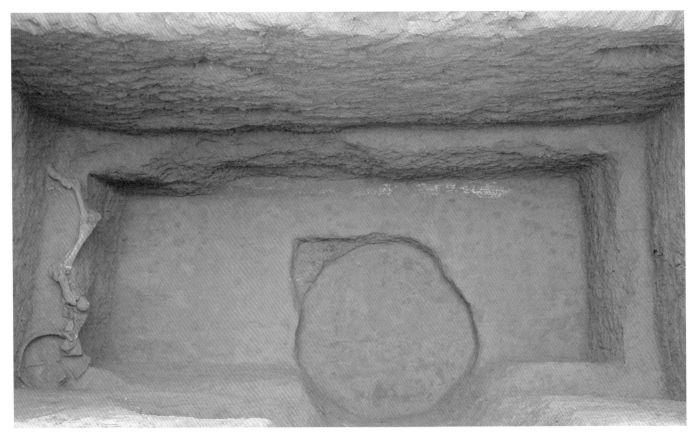

1. SM384被盗后墓室（东—西）

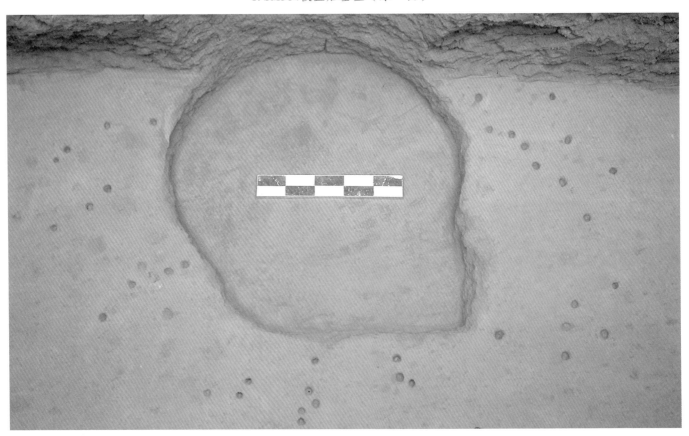

2. SM384墓底桩孔（西—东）

1. 陶盘Ⅱ式（SM384：9）

2. 铜镞AbⅡ式（SM384：1、7）

3. 铜铃AaⅡ式（SM384：2）

4. 铜铃AaⅡ式（SM384：4）

5. 铜铃舌（SM384：6）

6. 磨石（SM384：5）

7. 石刀（SM384：3）

彩版二二五　　殷墟四期晚段墓葬SM384出土陶器、铜器及玉石器

1. SM389棺盖板（西—东）

2. SM389墓主（东—西）

3. SM389腰坑内殉狗（西—东）

彩版二二六　殷墟四期晚段墓葬SM389

1. SM394墓主及随葬品

2. SM395墓主及随葬品
（西—东）

3. SM407墓室与随葬品（东—西）

彩版二二七　殷墟四期晚段墓葬SM394、SM395、SM407

1. 骨饰（SM394：3）

2. 陶觚A XII式（SM395：2）

3. 陶盘 III式（SM395：1）

4. 玉片（SM395：3）

5. 铅矛乙A III式（SM407：4）

6. 铅矛乙A III式（SM407：6）

彩版二二八　殷墟四期晚段墓葬SM394、SM395、SM407出土骨器、陶器、玉石器及铅器

1. SM423二层台及椁盖板上
彩绘布幔（东—西）

2. SM423彩色布幔局部

3. SM423彩色布幔局部

彩版二二九　殷墟四期晚段墓葬SM423

1. 陶觚AXI式（SM423：3）

2. 铜镞Bb型（SM423：6）

3. 玉戈A型（SM423：7）

4. 玉璋（SM423：1）

5. 骨锥（SM423：2）

彩版二三〇　殷墟四期晚段墓葬SM423出土陶器、铜器、玉石器及骨器

1. SM424墓主及随葬品（西—东）

2. SM425墓主及随葬品（东—西）

彩版二三一　殷墟四期晚段墓葬SM424、SM425

1. 玉鸟（SM424：1）

2. 陶纺轮A型（SM425：4）

3. 石饰（SM425：3）

4. 石子（SM425：5）

5. 陶盘Ⅱ式（SM426：2）

彩版二三二　殷墟四期晚段墓葬SM424、SM425、SM426出土玉石器及陶器

1. SM426墓主及随葬品局部（东—西）

2. SM428二层台下随葬铜戈（西—东）

彩版二三三　殷墟四期晚段墓葬SM426、SM428

1. 铜矛乙A Ⅲ式（SM428：7）　　2. 铜矛乙A Ⅲ式（SM428：10）　　3. 铜矛乙A Ⅲ式（SM428：11）

4. 铜戈Ba Ⅲ式（SM428：12）

5. 铜戈Ba Ⅲ式（SM428：13）

彩版二三四　殷墟四期晚段墓葬SM428出土铜器

1. SM433墓主及随葬品
（东—西）

2. SM438墓主及随葬品
（东—西）

3. 玉璜（SM433：5）

彩版二三五　殷墟四期晚段墓葬SM433、SM438及SM433出土玉石器

1. SM446墓主（北—南）

2. SM558墓主及随葬品（西—东）

3. SM574盗扰后的墓室及墓主
（西—东）

彩版二三八　殷墟四期晚段墓葬SM446、SM558、SM574

1. 陶鬲乙B型（SM558：1）

2. 铜铃Ab型（SM558：2）

4. 玉戈（SM576：4）

3. 陶瓿BⅡ式（SM576：2）

5. 铜刀AaⅡ式（SM579：3）

6. 铜刀AaⅡ式（SM585：1）

7. 玉环（SM585：4）

彩版二三九　殷墟四期晚段墓葬SM558、SM576、SM579、SM585出土陶器、铜器及玉石器

1. SM579墓室结构（东—西）

2. SM579腰坑（东—西）

3. SM588墓主及随葬品（西—东）

彩版二四〇　殷墟四期晚段墓葬SM579、SM588

1. 铅觚（SM588：4）

3. 陶鼓风嘴（SM590：1）

4. 铜刀AaⅡ式（SM590：2）

2. 石柄形器B型（SM588：7）

5. SM590墓室结构（西—东）

彩版二四一　殷墟四期晚段墓葬SM588、SM590出土铅器、玉石器、陶器、铜器及SM590

1. SM594墓室结构（西—东）

2. SM594二层台圆形痕迹解剖

3. 玉璧（SM594：1）

彩版二四二　殷墟四期晚段墓葬SM594及其出土玉石器

1. SM595墓主及随葬品（东—西）

2. SM595棺盖板（西—东）

彩版二四三　殷墟四期晚段墓葬SM595

1. SM597墓主及随葬品
（东—西）

2. SM626墓主及随葬品
（北—南）

3. SM630毁坏后的墓室
（西—东）

彩版二四六　殷墟四期晚段墓葬SM597、SM626、SM630

1. 铜刀Aa I 式（SM597：1）

2. 玉璧（SM597：2）

3. 半月形玉片（SM626：3）

4. 铜觚B Ⅲ 式（SM630：2）

5. 铜爵B Ⅲ 式（SM630：1）

6. 陶鬲甲C I 式（SM631：1）

彩版二四七　殷墟四期晚段墓葬SM597、SM626、SM630、SM631出土铜器、玉石器及陶器

1. SM647墓主（东—西）

2. SM672墓室及随葬品（西—东）

彩版二四八　殷墟四期晚段墓葬SM647、SM672

1. 玉鸟（SM649：2）

2. 石璋（SM672：1）

3. 石璋（SM672：3）

彩版二四九　殷墟四期晚段墓葬SM649、SM672出土玉石器

2. 陶爵Ⅸ式（SM657∶1）

1. SM657被盗扰的墓主（南—北）

3. SM657席纹

彩版二五〇　殷墟四期晚段墓葬SM657及其出土陶器

1. SM673墓主（西—东）

2. 陶鬲乙AⅢ式（SM673：1）

3. 铜刀AbⅠ式（SM673：3）

4. 铜镞Bb型（SM673：2）

5. 文蛤（SM673：4）

彩版二五一　殷墟四期晚段墓葬SM673及其出土陶器、铜器、文蛤

1. SM674墓主（东—西）

2. SM674棺盖板（东—西）

彩版二五二　殷墟四期晚段墓葬SM674

1. SM674椁底板（东—西）

2. SM674椁盖板（西—东）

彩版二五三　殷墟四期晚段墓葬SM674

1. 陶鬲乙C型（SM674：4）

3. 铜刀Aa I 式（SM674：7）

2. 铜戈甲Bc型（SM674：6）

4. 铜铃Ba型（SM674：1）　　　5. 铜铃Ba型（SM674：8）　　　6. 铜铃Ba型（SM674：9）

7. 石璋（SM674：5）　　　　8. 骨弓帽A型（SM674：2）　　9. 骨弓帽A型（SM674：3）

彩版二五四　殷墟四期晚段墓葬SM674出土陶器、铜器、骨器及玉石器

1. SM675随葬器物（西—东）

2. SM675墓室填土内殉狗
   （西—东）

3. SM675彩绘布幔

彩版二五五　殷墟四期晚段墓葬SM675

1. 铜铃Bb型（SM675：4）

2. 铜铃Bb型（SM675：24）

3. 铜刀AaⅡ式（SM675：1）

4. 铅爵（SM675：14）

彩版二五六　殷墟四期晚段墓葬SM675出土铜器及铅器

1. SM676棺椁结构（东—西）

2. SM676椁室底板痕迹
（西—东）

3. SM676墓室填土内殉狗
（西—东）

彩版二五七　殷墟四期晚段墓葬SM676

1. 陶鼓风嘴（SM676：5）

2. 铜铃Ab型（SM676：7）

3. 铜铃Ac型（SM676：2）

4. 铜戈甲CⅡ式（SM676：1）

5. 铜刀AbⅡ式（SM676：4）

6. 铜镞Bb型（SM676：3、8、9）

彩版二五八　殷墟四期晚段墓葬SM676出土陶器及铜器

1. SM677墓主（西—东）

2. SM677墓室填土内殉狗（西—东）

彩版二五九　殷墟四期晚段墓葬SM677

1. 铜戈甲Ab型（SM677：2）

2. 铜刀AbⅡ式（SM677：4）

3. 铜铃AaⅡ式（SM677：1）

4. 铜铃Ab型（SM677：5）

彩版二六〇　殷墟四期晚段墓葬SM677出土铜器

1. SM680墓主及随葬品
（东—西）

2. SM685墓主及随葬品
（东—西）

3. SM686墓主及随葬品
（西—东）

彩版二六一　殷墟四期晚段墓葬SM680、SM685、SM686

1. SM693二层台上布幔及随葬品（东—西）

2. SM693椁底板（东—西）

彩版二六二　殷墟四期晚段墓葬SM693

1. 陶觚B I 式（SM693：4）

4. 铜矛乙Bc型（SM693：7）

5. 铜矛乙Bc型（SM693：8）

2. 铜铃Bb型（SM693：14）

3. 铜铃Bb型（SM693：16）

6. 铜凿（SM693：17）

彩版二六三　殷墟四期晚段墓葬SM693出土陶器及铜器

1. 铜戈乙BaⅢ式（SM693：10）

2. 铜戈乙BaⅢ式（SM693：11）

3. 铜戈乙BaⅢ式（SM693：13）

彩版二六四　殷墟四期晚段墓葬SM693出土铜器

1. SM694墓主及随葬品（西—东）

2. 铜觚CⅡ式（SM694：1）

3. 玉璋（SM706：3）

彩版二六五 殷墟四期晚段墓葬SM694及SM694、SM706出土铜器、玉石器

1. SM707椁盖板（西—东）

2. SM744墓主及随葬品
（西—东）

3. SM748墓主及随葬品（西—东）

彩版二六六　殷墟四期晚段墓葬SM707、SM744、SM748

1. 铜刀Aa I 式（SM707：3）

2. 玉璋（SM707：1）.

3. 玉璋（SM707：4）

4. 玉璋（SM707：6）

5. 玉戈A型（SM707：5）

6. 蚌饰（SM707：2）

7. 铜刀Aa II 式（SM722：3）

8. 铜铃Ac型（SM722：1）

彩版二六七　殷墟四期晚段墓葬SM707、SM722出土铜器及玉石器

1. SM749木棺痕迹（南—北）

2. SM762墓主（北—南）

3. 骨镞B型（SM761：6）

彩版二六八　殷墟四期晚段墓葬SM749、SM762及SM761出土骨器

1. SM761墓主（东北—西南）

2. SM761椁盖板（西南—东北）

3. SM761腰坑殉狗（东北—西南）

彩版二六九　殷墟四期晚段墓葬SM761

1. SM764被盗扰后的墓室（东—西）

2. 陶鬲甲AbⅣ式（SM764：2）

3. 骨笄（SM764：4）

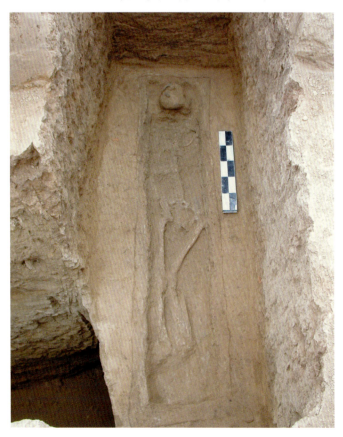

4. SM765墓主及随葬品（北—南）

5. 陶鬲甲BⅠ式（SM765：1）

彩版二七〇　殷墟四期晚段墓葬SM764、SM765及其出土陶器、骨器

1. SM766墓主及随葬品
（西—东）

2. SM766棺盖板（东—西）

3. SM770墓主及随葬品
（东—西）

彩版二七一　殷墟四期晚段墓葬SM766、SM770

1. SM769墓主（北—南）

2. SM769口中含贝

3. 玉戈（SM769：1）

彩版二七二　殷墟四期晚段墓葬SM769及其出土玉石器

1. SM782墓主（西—东）

2. 骨管C型（SM782：3）

3. SM794墓主及随葬品（南—北）

4. 铜刀AaⅡ式（SM794：2）

5. 石璋（SM794：1）

彩版二七三　殷墟四期晚段墓葬SM782、SM794及其出土骨器、铜器、玉石器

1. SM796墓主及随葬品（东—西）

2. SM799墓主及随葬品（西—东）

彩版二七四　殷墟四期晚段墓葬SM796、SM799

1. SM800墓主及随葬品（东—西）

2. SM800椁盖板（西—东）

3. 玉蝉（SM800：4）

4. 玉蝉（SM800：5）

彩版二七五　殷墟四期晚段墓葬SM800及其出土玉石器

1. SM827墓主及随葬品
（东—西）

2. 陶鬲甲DⅠ式（SM827：1）

3. 玉料（SM833：2）

4. SM839墓主及随葬品
（北—南）

彩版二七八　殷墟四期晚段墓葬SM827、SM839及SM827、SM833出土陶器及玉石器

1. SM855墓主及随葬品
（东—西）

2. SM856随葬器物（西—东）

3. SM856墓底桩孔（西—东）

彩版二七九　殷墟四期晚段墓葬SM855、SM856

1. 陶罐A型（SM855：4）

2. 陶簋C型（SM856：8）

3. 铅觚（SM856：1）

4. 陶簋C型（SM857：1）

5. 陶罐A型（SM857：4）

6. 蚌坠饰（SM857：7）

彩版二八〇　殷墟四期晚段墓葬SM855、SM856、SM857出土陶器、铅器及蚌器

1. SM857墓室（东—西）

2. SM857二层台及椁盖板
（东—西）

3. SM857漆豆

彩版二八一　殷墟四期晚段墓葬SM857

1. SM864墓主及随葬品
（西—东）

2. SM871墓主及随葬品
（北—南）

3. SM879墓主（东—西）

彩版二八二　殷墟四期晚段墓葬SM864、SM871、SM879

1. 陶鬲甲CⅡ式（SM871：5）

2. 铜铃Ba型（SM871：1）

3. 铜铃Ba型（SM871：11）

4. 铅爵（SM871：7）

5. 玉璧（SM871：10）

彩版二八三　殷墟四期晚段墓葬SM871出土陶器、铜器、铅器及玉石器

1. SM886墓主及随葬品（东—西）

2. SM889墓室及随葬品（东—西）

彩版二八四　殷墟四期晚段墓葬SM886、SM889

1. 陶鬲BⅠ式（SM889：1）

3. 铅觚（SM889：4）

4. 玉鱼（SM889：2）

2. 铅簋（SM889：3）

5. 玉鱼（SM889：8）

彩版二八五　殷墟四期晚段墓葬SM889出土陶器、铅器、玉石器

1. SM890墓主及随葬品（北—南）

2. 玉纺轮（SM890：3）

3. 玉锛（SM900：3）

彩版二八六　殷墟四期晚段墓葬SM890及SM890、SM900出土玉石器

1. SM893墓主及随葬品（东—西）

2. SM900墓主及随葬品（东—西）

彩版二八七　殷墟四期晚段墓葬SM893、SM900

1. SM908墓主（西—东）

2. SM909椁底板（西—东）

彩版二八八　殷墟四期晚段墓葬SM908、SM909

1. 陶鬲甲AbⅢ式（SM908：3）

2. 陶鬲甲BⅡ式（SM909：2）

3. 铜铃Ba型（SM909：1）

4. 铜矛乙AⅡ式（SM924：4）

5. 铜矛乙AⅡ式（SM924：9）

6. 铜矛乙AⅡ式（SM924：7）

7. 陶爵Ⅹ式（SM931：1）

彩版二八九　殷墟四期晚段墓葬SM908、SM909、SM924、SM931出土陶器及铜器

1. 铜戈乙BaⅡ式（SM924：5）

2. 铜戈BaⅢ式（SM924：8）

3. 铜戈BaⅢ式（SM924：6）

彩版二九〇　殷墟四期晚段墓葬SM924出土铜器

1. NM140墓主及随葬品
（西—东）

2. NM152墓底桩孔（东—西）

3. 陶鬲甲BⅢ式（NM140：1）

彩版二九一　殷墟四期晚段墓葬NM140、NM152及NM140出土陶器

1. NM154随葬器物（西—东）

2. NM154椁底板（西—东）

彩版二九二　殷墟四期晚段墓葬NM154

1. NM154墓室填土内殉狗
（西—东）

2. NM154腰坑殉狗

3.NM154棺底板上的人字纹苇席

1. 铜鼎BⅡ式（NM154：5）

2. 铜卣B型（NM154：2）

3. 铜斝（NM154：6）

4. 铜尊（NM154：1）

彩版二九四　殷墟四期晚段墓葬NM154出土铜器

1. 铜觚CⅡ式（NM154：3）

3. 铜镞AbⅠ式（NM154：14）

4. 玉刀（NM154：12）

2. 铜爵BⅢ式（NM154：4）

5. 石鱼（NM154：11）

6. 石饰（NM154：10）

彩版二九五　殷墟四期晚段墓葬NM154出土铜器及玉石器

1. NM157墓主（东—西）

2. NM157墓底桩孔（西—东）

彩版二九六　殷墟四期晚段墓葬NM157

1. NM160椁盖板（东—西）

2. 陶爵Ⅸ式（NM160∶2）

3. 榧螺（NM160∶5）

彩版二九七　殷墟四期晚段墓葬NM160及其出土陶器、榧螺

1. NM161墓主及随葬品
（东—西）

2. NM162墓主及随葬品
（西—东）

3. NM162墓底桩孔（东—西）

彩版二九八　殷墟四期晚段墓葬NM161、NM162

1. NM169随葬器物（东—西）

2. NM169彩绘布幔

彩版二九九　　殷墟四期晚段墓葬NM169

1. 陶簋A型V式（NM169：19）

2. 陶罐A型（NM169：16）

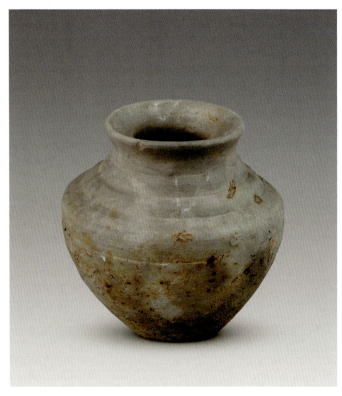

3. 小陶罐（NM169：17）

彩版三〇〇　殷墟四期晚段墓葬NM169出土陶器

1. 铜觚BⅢ式（NM169：2）

3. 铜戈乙A型（NM169：4）

4. 铜刀B型（NM169：3）

2. 铜爵BⅢ式（NM169：1）

5. 铜矛乙AⅢ式（NM169：5）

6. 铜凿（NM169：8）

彩版三〇一　殷墟四期晚段墓葬NM169出土铜器

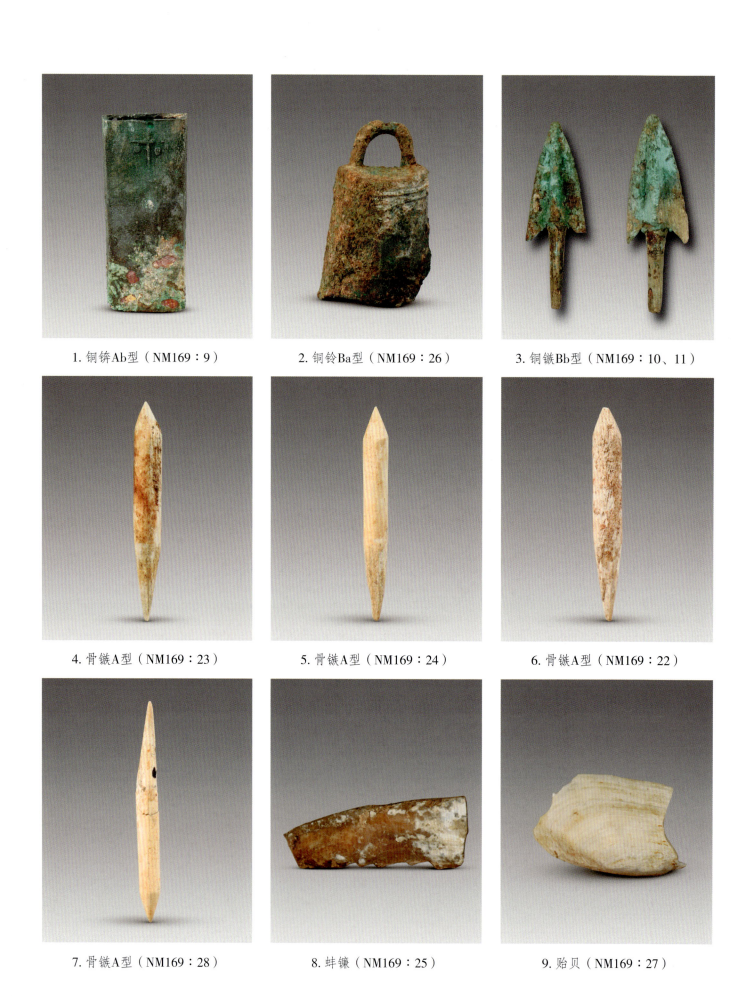

1. 铜锛Ab型（NM169：9）　　2. 铜铃Ba型（NM169：26）　　3. 铜镞Bb型（NM169：10、11）

4. 骨镞A型（NM169：23）　　5. 骨镞A型（NM169：24）　　6. 骨镞A型（NM169：22）

7. 骨镞A型（NM169：28）　　8. 蚌镰（NM169：25）　　9. 贻贝（NM169：27）

彩版三〇二　殷墟四期晚段墓葬NM169出土铜器、骨器、蚌器、贻贝

1. NM170墓主及随葬品（西—东）

2. 陶爵Ⅸ式（NM170∶2）

3. 陶盘Ⅱ式（NM170∶1）

彩版三〇三　殷墟四期晚段墓葬NM170及其出土陶器

1. NM177墓主（东—西）

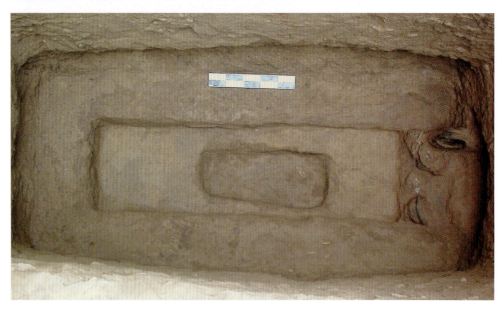

2. NM177二层台内随葬品
（东—西）

3. NM177棺盖板（东—西）

彩版三〇四　殷墟四期晚段墓葬NM177

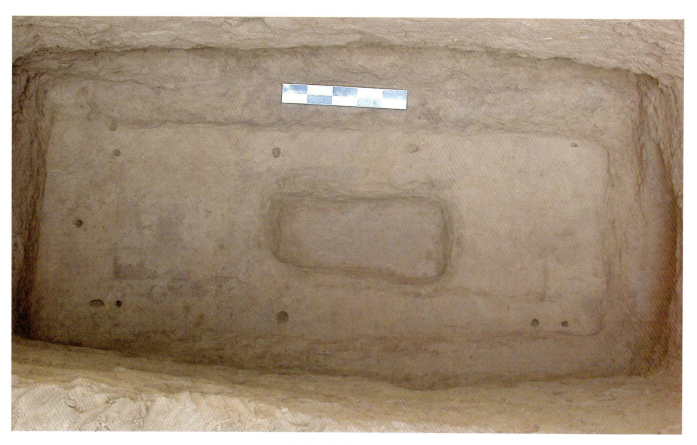

1.NM177墓底桩孔（东—西）

2.NM193棺椁结构（东—西）

彩版三〇五　殷墟四期晚段墓葬NM177、NM193

1. 陶鬲甲CⅢ式（NM177：6）

2. 陶簋BⅣ式（NM177：7）

3. 石璋（NM177：1）

4. 骨镞A型（NM177：10）

5. 骨镞A型（NM177：12）

6. 骨镞A型（NM177：13）

7. 骨弓帽A型（NM177：14）

8. 骨弓帽B型（NM177：3）

9. 骨器（NM177：15）

彩版三〇六　殷墟四期晚段墓葬NM177出土陶器、玉石器及骨器

1. SM372墓主（西—东）

2. SM554墓主（东—西）

3. NM159墓主（西—东）

彩版三〇七　殷墟墓葬（不晚于四期晚段）SM372、SM554、NM159

1. SM53墓主及随葬品（西—东）

2. SM53腰坑内殉狗（西—东）

3. SM53椁底板痕迹（东—西）

彩版三一〇　殷墟四期墓葬SM53

1. 铜铃Ab型（SM53：2）

2. 铜铃Ab型（SM53：3）

3. 铜铃Ab型（SM53：4）

4. 铜凿（SM53：9）

5. 铜锛Ba型（SM53：10）

6. 石柄形饰A型（SM53：1-1）

7. 石璋（SM53：6）

彩版三一一　殷墟四期墓葬SM53出土铜器及玉石器

1. SM228墓主及随葬品（北—南）

2. 铜铃Ba型（SM376：1）

3. 铜铃Ba型（SM376：2）

4. 陶簋E型（SM427：2）

5. 玉戈（SM427：1）

彩版三一二　殷墟四期墓葬SM228及SM376、SM427出土铜器、陶器及玉石器

1. 铜鼎足（SM781：2）

2. 陶盂（SM867：2）

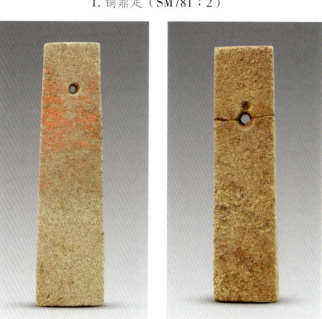

3. 磨石（SM867：3）　　4. 磨石（SM867：7）

6. 陶罐B型（NM164：1）

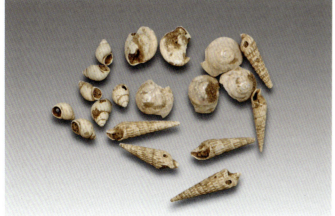

5. 耳螺、钻螺、蜗牛（SM867：4）

彩版三一三　　殷墟四期墓葬SM781、SM867、NM164出土铜器、陶器、玉石器及耳螺等

1. NM164墓主（西—东）

2. NM164墓底桩孔（西—东）

3. NM183墓主（北—南）

彩版三一四　殷墟四期墓葬NM164、NM183

1. NM184墓主（西—东）

2. NM188墓主（西—东）

彩版三一五　殷墟四期墓葬NM184、NM188

1. SM565墓主及随葬品
（东—西）

2. SM591被盗扰的墓室（东—西）

3. 骨管B型（SM591：1）

4. SM771墓室与盗洞（西—东）

5. 玉狗（SM771：2）

彩版三一六　殷墟墓葬（不晚于四期）SM565、SM591、SM771及SM591、SM771出土骨器、玉石器

1. SM1墓主（西—东）

2. SM3墓主（南—北）

3. SM7墓主（东—西）

4. 文蛤（SM1：1）

5. 文蛤（SM8：1）

彩版三一七　殷墟时期墓葬SM1、SM3、SM7及SM1、SM8出土文蛤

1. SM19墓主（东—西）

2. SM20墓主（东—西）

3. SM21黄牛左侧肱骨

彩版三一八　殷墟时期墓葬SM19、SM20、SM21

1. 彩色石子（SM21：2）

2. 灰色石子（SM21：2）

3. 紫红色石子（SM21：2）

4. 磨光深绿色石子（SM21：2）

5. 乳白色石子（SM21：2）

6. 石子（SM21：2）

7. 弧形玉饰（SM21：1）

彩版三一九　殷墟时期墓葬SM21出土玉石器

1. SM22被盗后的墓室（西—东）

2. SM22椁底板（西—东）

彩版三二〇　殷墟时期墓葬SM22

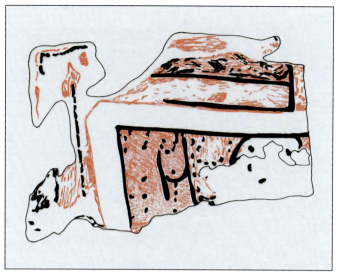

1. SM22二层台东北角彩绘布幔临摹

2. SM22二层台东北角彩绘布幔

3. SM22二层台东部彩绘布幔

4. SM22二层台东南角彩绘布幔

5. SM22二层台西部彩绘布幔

6. SM22二层台西北角彩绘布幔

彩版三二一　殷墟时期墓葬SM22彩绘布幔

1. SM22二层台南部漆器

2. SM22二层台南部金箔

彩版三二二　殷墟时期墓葬SM22漆器与金箔

1. 铜铃Bb型（SM22：5）

2. 铜镞Bb型（SM22：6、7）

3. 玉璧（SM22：4）

4. 玉璧（SM22：8）

5. 玉柄形器（SM22：2）

彩版三二三　殷墟时期墓葬SM22出土铜器及玉石器

1. SM31墓主（南—北）

2. SM35被扰乱的人骨及随葬品
（西—东）

3. SM35椁室底板（西—东）

彩版三二六　殷墟时期墓葬SM31、SM35

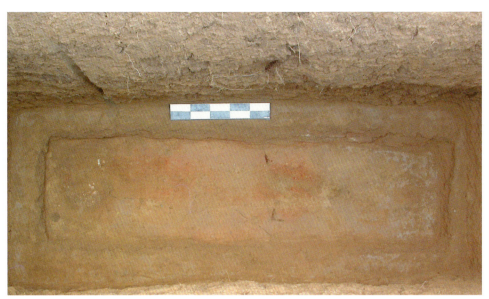

1. SM36墓主（西—东）

2. 玉璜（SM36：1）

3. 绿松石饰（SM36：2）

4. 铜铃Ab型（SM42：4）

5. 石磬（SM42：3）

彩版三二七　殷墟时期墓葬SM36及SM36、SM42出土玉石器、铜器

1. SM42墓室（西—东）

2. SM42棺底痕迹及墓底桩孔（西—东）

彩版三二八　殷墟时期墓葬SM42

1. SM42二层台上彩绘布幔

2. SM42二层台上彩绘布幔

3. SM42二层台彩绘布幔

彩版三二九　殷墟时期墓葬SM42

1. SM45墓主（东—西）

2. SM46墓主（东—西）

3. SM54墓主（北—南）

彩版三三〇　殷墟时期墓葬SM45、SM46、SM54

1. SM57墓主（南—北）

3. SM58墓主（西—东）

2. 铜镞Bb型（SM57：1）

4. SM59墓主（南—北）

彩版三三一　殷墟时期墓葬SM57、SM58、SM59及SM57出土铜器

1. SM66棺椁结构及盗沟（东—西）

2. SM66墓底铜戈（东—西）

3. 铜戈乙Bb Ⅱ式（SM66：1）　　　　　4. 铜戈乙Bb Ⅱ式（SM66：2）

彩版三三二　　殷墟时期墓葬SM66及其出土铜器

1. SM67墓室（东—西）

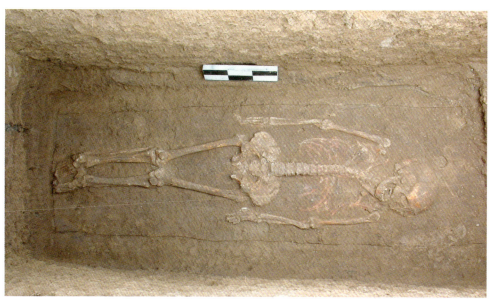

2. SM68墓主（东—西）

3. 玉璧（SM68：1）

彩版三三三　殷墟时期墓葬SM67、SM68及SM68出土玉石器

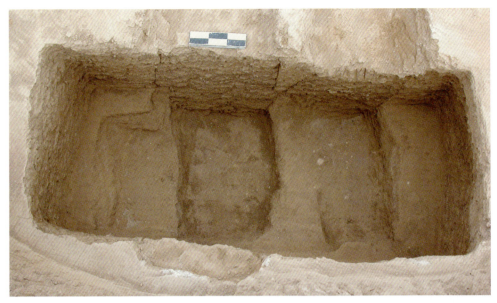

1. SM89被盗扰的墓室（东—西）

2. SM90被盗扰的墓室（东—西）

3. SM95被盗扰的墓室（东—西）

彩版三三四　殷墟时期墓葬SM89、SM90、SM95

1. SM96墓主（西—东）

2. SM96墓底桩孔（西—东）

3. SM97墓主（东—西）

彩版三三五　殷墟时期墓葬SM96、SM97

1. 玉玲（SM96：1）

2. 陶弹丸（SM97：1）

3. 玉片（SM98：1）

4. SM98墓主（东—西）

彩版三三六　殷墟时期墓葬SM98及SM96、SM97、SM98出土玉石器、陶器

1. SM99墓主（南—北）　　　　　　2. SM100墓主（南—北）

彩版三三七　　殷墟时期墓葬SM99、SM100

1. SM102墓室结构及盗沟（东—西）

2. SM102墓底桩孔及腰坑殉狗（西—东）

彩版三三八　殷墟时期墓葬SM102

1. SM105墓室（东—西）

2. SM105墓室填土内殉狗（东—西）

彩版三三九　殷墟时期墓葬SM105

1. SM210墓主（东—西）

2. SM211墓主（东—西）

3. SM213墓主（北—南）

彩版三四二　殷墟时期墓葬SM210、SM211、SM213

1. SM218墓主（北—南）

2. SM220墓主（东—西）

3. SM220墓室填土内殉狗
（西—东）

彩版三四三　殷墟时期墓葬SM218、SM220

1. SM221被盗后的墓室（东—西）

2. 骨笄（SM221：1）

3. SM223墓主（西—东）

4. 六棱水晶石（SM223：1）

5. SM224墓主（东—西）

彩版三四四　　殷墟时期墓葬SM221、SM223、SM224及SM221、SM223出土骨器、水晶

1. SM225墓主（南—北）

2. SM226墓主（南—北）

3. SM227墓主（南—北）

彩版三四五　殷墟时期墓葬SM225、SM226、SM227

1. SM229墓主（东—西）

2. SM230墓主（东—西）

3. SM231墓主（北—南）

彩版三四六　殷墟时期墓葬SM229、SM230、SM231

1. SM233墓主（东—西）

2. SM237墓主（西—东）

3. 石猪（SM233：1）

4. 石璋（SM237：1）

彩版三四七　殷墟时期墓葬SM233、SM237及其出土玉石器

1. SM238墓主（东—西）

4. 骨镞B型（SM240：1）

2. SM240墓主（东—西）

3. SM241墓主（西—东）

彩版三四八　殷墟时期墓葬SM238、SM240、SM241及SM240出土骨器

1. SM243墓主（东—西）

2. SM355墓主（北—南）

3. SM362墓底桩孔（西—东）

彩版三四九　殷墟时期墓葬SM243、SM355、SM362

1. SM356被盗扰后的墓室
（西—东）

2. SM356腰坑内殉狗（西—东）

3. 残石璋（SM356：3、4）

4. 残石璋（SM356：5）

彩版三五〇　殷墟时期墓葬SM356及其出土玉石器

1. SM363墓主（北—南）

3. 铜铃Ab型（SM368：1）

2. SM368被盗扰后的墓室（西—东）

4. SM370墓主（东—西）

彩版三五一　殷墟时期墓葬SM363、SM368、SM370及SM368出土铜器

1. SM373被盗扰后的墓室
（东—西）

2. SM382墓主（东—西）

3. SM388墓主（南—北）

彩版三五二　殷墟时期墓葬SM373、SM382、SM388

1. SM390墓主（北—南）

2. SM391墓主（北—南）

3. SM392墓主（西—东）

彩版三五三　殷墟时期墓葬SM390、SM391、SM392

1. SM393墓主（西—东）

2. SM399墓主（北—南）

3. SM400墓主（北—南）

彩版三五四　殷墟时期墓葬SM393、SM399、SM400

1. SM403墓主及其服饰（北—南）

2. SM403棺盖（北—南）

彩版三五五　殷墟时期墓葬SM403

1. SM403墓主服饰特写   2. SM403墓主服饰特写

3. SM416墓主（东—西）

4. 铜铃Ab型（SM432：1）

彩版三五六　殷墟时期墓葬SM403、SM416及SM432出土铜器

1. SM436墓主（东—西）

2. SM442墓主（东—西）

3. SM449墓主（东—西）

彩版三五七　殷墟时期墓葬SM436、SM442、SM449

1. SM450墓主（东—西）

2. SM551墓主（南—北）

3. SM566墓主（东—西）

彩版三五八　殷墟时期墓葬SM450、SM551、SM566

1. SM567墓主（西—东）

2. SM598墓主（东—西）

3. SM604墓主（西—东）

彩版三五九　殷墟时期墓葬SM567、SM598、SM604

1. SM608墓主（北—南）

2. SM611墓主（南—北）

3. SM617墓主（南—北）

彩版三六〇　殷墟时期墓葬SM608、SM611、SM617

1. SM632墓主（西—东）

3. SM635墓主（东—西）

2. SM632随葬鱼

彩版三六一　　殷墟时期墓葬SM632、SM635

1. SM636墓主（西—东）

2. SM641墓主（东—西）

3. SM642墓主（西—东）

4. SM645墓主（西—东）

彩版三六二　殷墟时期墓葬SM636、SM641、SM642、SM645

1. SM664墓主（南—北）

2. SM668墓主（南—北）

彩版三六三　殷墟时期墓葬SM664、SM668

1. SM691墓主（北—南）

2. SM691墓底枕木（北—南）

3. SM692墓主（南—北）

彩版三六六　殷墟时期墓葬SM691、SM692

1. SM698墓主（东—西）

2. SM700墓主（南—北）

3. SM708墓主（南—北）

彩版三六七　殷墟时期墓葬SM698、SM700、SM708

1. SM702墓主（南—北）

2. SM704墓主（西—东）

3. SM709墓主（西—北）

彩版三六八　殷墟时期墓葬SM702、SM704、SM709

1. SM711被盗毁的墓室
（东—西）

2. SM711棺底板痕迹（东—西）

3. SM717墓主（北—南）

彩版三六九　殷墟时期墓葬SM711、SM717

1. SM720墓主（北—南）

2. 玉鱼形刻刀（SM721：1）

3. 玉鱼（SM721：2）

4. 玉鸟（SM721：3）

5. 玉鱼形璜（SM721：4）

彩版三七〇　殷墟时期墓葬SM720及SM721出土玉石器

1. SM725墓主（北—南）

3. SM730墓主（北—南）

2. SM728墓主（东—西）

4. 骨镞（SM730∶3）

彩版三七一　殷墟时期墓葬SM725、SM728、SM730及SM730出土骨器

1. SM732被盗扰后的墓室和墓主（东—西）

2. SM732椁盖板（东—西）

彩版三七二　殷墟时期墓葬SM732

1. SM732椁底板（东—西）

2. SM732北侧椁板

彩版三七三 殷墟时期墓葬SM732

1. 铜铃（AaⅡ式SM732：1）

2. 铜铃（AaⅡ式SM732：8）

3. 铜铃AaⅡ式（SM732：14）

4. 铜镞AbⅡ式（SM732：6-1~4、SM732：10）

5. 骨管A型（SM732：7）

6. 骨管A型（SM732：9）

7. 蚌泡（SM732：4）

彩版三七四　殷墟时期墓葬SM732出土铜器、骨器及蚌器

1. SM740墓主（西—东）

2. SM740棺盖板（西—东）

3. SM747墓主（东—西）

彩版三七五　殷墟时期墓葬SM740、SM747

1. 玉璜（SM752：1）

2. SM757墓主（南—北）

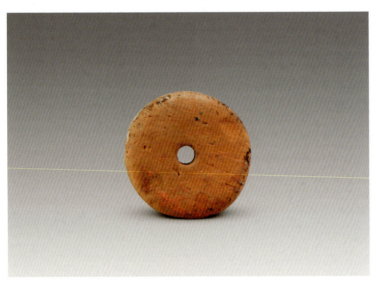

3. 陶纺轮（SM759：1）

4. 绿松石（SM759：2）

5. SM759墓主（东—西）

彩版三七六　殷墟时期墓葬SM757、SM759及SM752、SM759出土玉石器、陶器

1. SM758墓主（东—西）

2. SM763墓主（东—西）

3. SM773墓主（西—东）

彩版三七七　殷墟时期墓葬SM758、SM763、SM773

1. SM772墓主（南—北）

3. SM787墓主（南—北）

2. SM775墓主（西—东）

彩版三七八　殷墟时期墓葬SM772、SM775、SM787

1. SM785残存的彩绘布幔

2. SM785墓底桩孔（东—西）

彩版三七九　殷墟时期墓葬SM785

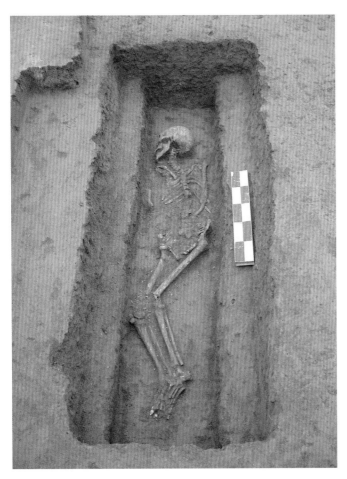

1. SM789墓主（东—西）

2. SM791被打破的墓室与墓主（北—南）

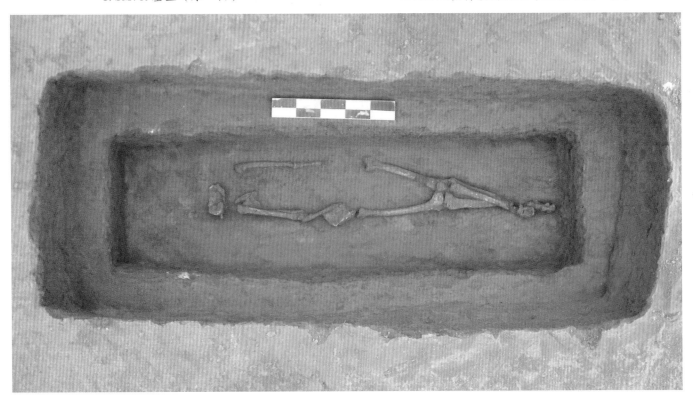

3. SM813墓主（西—东）

彩版三八〇　殷墟时期墓葬SM789、SM791、SM813

1. SM815墓主（西—东）

2. 铜器（SM818：3）

3. 毛蚶（SM818：1）

彩版三八一　殷墟时期墓葬SM815及SM818出土铜器、毛蚶

1. SM828墓主（西—东）

2. SM831墓主（东—西）

3. SM838墓主（东—西）

彩版三八二　殷墟时期墓葬SM828、SM831、SM838

1. SM840墓主（北—南）

2. SM845墓主（南—北）

3. SM852墓主（西—东）

彩版三八三　殷墟时期墓葬SM840、SM845、SM852

1. SM853墓室填土内殉狗（北—南）

2. SM858墓主（南—北）

3. SM873墓主（南—西）

4. SM877墓主（南—北）

彩版三八四　殷墟时期墓葬SM853、SM858、SM873、SM877

1. SM869墓主（北—南）

2. 铜铃Bb型（SM894：1）

3. SM880墓主（东—西）

4. SM880墓底枕木（东—西）

彩版三八五　殷墟时期墓葬SM869、SM880及SM894出土铜器

1. SM887墓室（西—东）

2. SM887墓壁脚窝

彩版三八六　殷墟时期墓葬SM887

1. 残铜鼎耳（SM887：8）

2. 铜铃Bb型（SM887：5）

3. 铜铃Bb型（SM887：6）

4. 铜铃Bb型（SM887：7）

5. 石戈（SM887：3）

6. 圆形蚌泡饰（SM887：1、2）

7. SM888墓主（南—北）

彩版三八七　殷墟时期墓葬SM887出土铜器、玉石器、蚌器及SM888

1. 玉戈（SM896：1）

2. SM899墓主（南—北）

3. SM906墓主（西—东）

4. 玉环（SM950：1）

5. SM911墓主（南—北）

彩版三八八　殷墟时期墓葬SM899、SM906、SM911及SM896、SM911出土玉石器

1. NM111墓主（西—东）

2. NM111墓底桩孔（西—东）

彩版三八九　殷墟时期墓葬NM111

1. NM146墓主（西—东）

2. NM150墓主（西—东）

3. NM151墓主（北—南）

彩版三九〇　殷墟时期墓葬NM146、NM150、NM151

1. NM158墓主（西—东）

2. NM158墓底桩孔（西—东）

3. NM165墓底桩孔（西—东）

彩版三九一　殷墟时期墓葬NM158、NM165

1. NM171墓主（西—东）

2. 卜骨（NM171：1）

彩版三九二　殷墟时期墓葬NM171及其出土卜骨

1. NM173墓主（东—西）

2. NM173墓底桩孔（东—西）

彩版三九三　殷墟时期墓葬NM173

1. NM174墓主（西—东）

2. NM175墓主（西—东）

3. NM189墓主（北—南）

彩版三九四　殷墟时期墓葬NM174、NM175、NM189